BuddhAll

BuddhAll.

All is Buddha.

BuddhAll

密乘寶海 10

大白傘蓋佛母

息災護佑行法

附修持心咒CD

洪啓嵩 著

大白傘蓋佛母的行法、真言，具有廣博無邊的威力，如能一心受持，則能息滅一切災障、守護行者，並能護佑我們，遠離障礙、疾病、諸難，求福報、長壽，皆得願滿。

出版緣起

密法是實踐究竟實相，圓滿無上菩提，讓修行者疾證佛果的法門。

密法從諸佛自心本具的法界體性中流出，出現了莊嚴祕密的本誓妙法，以清淨的現觀，展現出無盡圓妙的法界眾相。

因此，密法的修持是從法界萬象中，體悟其絕對的象徵內義，並從這些外相的表徵、標幟中，現起如同法界實相的現觀。再依據如實的現觀清淨自心，了悟自心即是如來的祕密莊嚴。

從自心清淨莊嚴中，祕密受用諸佛三密加持，如實體悟自身的身、語、意與諸佛不二。依此不二的密意實相，自心圓具法界體性，而疾證佛果，現起諸佛的廣大妙用。

「若人求佛慧，通達菩提心；

父母所生身，速證大覺位。」

這是《金剛頂瑜伽中發阿耨多羅三藐三菩提心論》中所說的話，也是真言密教行者，修證所依止的根本方向。我們由這首偈頌，當能體會密教法中〈即身成佛〉的妙諦。由此也可了知，密法一切修證成就的核心，即是無上菩提心。

密法觀照法界的體性與緣起的實相，並將法界的實相，與自己的身心眾相，完全融攝為一，並落實於現前的生活當中。這種微妙的生活瑜伽，讓我們的生活與修證不相遠離，能以父母所生的現前身心，速證無上大覺的佛果。

一切佛法的核心，都是在彰顯法界的實相，而密法更以諸佛如來果位修證的實相，直接加持眾生的身、口、意，使眾生現證身、口、意三密成就，而直趨如來的果位，實在是不可思議的密意方便。而這也是諸佛菩薩等無數本尊，為眾生所開啟的大悲迅疾法門。

「密乘寶海系列」總攝密法中諸多重要法門，包含了密法中根本的修法、諸尊行法，以及成就佛身的中脈、拙火、氣脈明點及各種修行次第的修法。

其中的修法皆總攝為偈頌法本，再詳加解說教授。希望有緣者能依此深入密法大海，證得圓滿的悉地成就！

大白傘蓋佛母——序

大白傘蓋佛母的威德殊勝，是極不可思議。在《佛說大白傘蓋總持陀羅尼經》中說此法能：「**以此決斷一切出者邪魔，亦能決斷餘者一切明咒，亦能迴遮非時橫夭，亦能令有情解說一切繫縛，亦能迴遮一切憎嫌惡夢，亦能摧壞八萬四千邪魔，亦能歡悅二十八宿，亦能折伏八大房宿，亦能迴遮一切冤讎，亦能摧壞最極暴惡一切憎嫌惡夢，亦能救度毒藥器械水火等難。**」由此可知，此法的威力廣大，能滅除一切的災難障礙煩惱，讓我們能體悟決斷一切真言，持明成就真言密行。

大白傘蓋佛母的具名是「一切如來頂髻中出白傘蓋佛母」。頂髻梵語為usṇīsa，又稱為佛頂、肉髻相或無見頂相，是佛陀的三十二相之一。頂髻原指為無人能見的佛陀頂相，至為尊貴、殊勝。在密教中，此語引申為最尊貴的諸尊，而稱為「佛頂尊」。

而大白傘蓋乃是從一切如來頂髻中所出生，代表了佛陀無見頂相的佛格化。另外，一切功德中以佛智為最尊無上。佛頂即是佛智的代表，所以大白傘蓋佛母即是佛智的法爾示現。

在《大日經》卷一中，也指出釋迦牟尼佛示現了五佛頂。這佛頂是⑴白傘蓋佛頂。⑵勝佛頂。⑶最勝佛頂。⑷光聚佛頂。⑸除障佛頂。這五佛頂即代表了釋迦如來的五智之頂。而在《大日經義釋》卷七中說：白傘佛頂為如來眾相之頂，可見白傘蓋佛頂的在佛智功德中的重要性。

由此我們可知，大白傘蓋佛母即是如來的智慧光明所現，代表著究竟圓滿的佛智。而在此法的德用上，雖然在究竟的密意上是引導眾生成就佛智、圓滿成佛，但在外顯上，由如來的智慧光明所顯現的大白傘蓋，具有無上的威力光明，能守護一切眾生。所以此法也以息災的廣大功德，而傳誦於佛教界。

大白傘蓋佛母的修持法軌，在元代時傳入中國。在《佛說大白傘蓋總持陀羅尼經》中，記述著此尊示現的因緣。經中述說當釋迦佛陀在帝釋天上時，即從佛頂上出現了無敵的大白傘蓋佛母，具足無邊威力，能擁護無邊眾生，使眾生遠離一切傷害，並宣說了大白傘蓋佛母的真言。

大白傘蓋佛母的真言，與我國的因緣極為密切。在中國被視為最重要、最珍貴，而且流傳最為廣博的楞嚴咒，而寺院每日早課必備的真言，即是大白傘蓋佛母的真言。楞嚴咒全稱為「大佛頂如來頂髻白蓋無能及甚能調伏總持」，又稱為大佛頂陀羅尼、大佛頂如來放光悉怛多鉢怛囉陀羅尼、大佛頂如來頂髻白蓋陀羅尼。是宣說大佛頂如來內證功德的陀羅尼真言。

依據《大佛頂首楞嚴經》卷七記載，十方如來咸以此咒心得成無上正覺，能拔濟群苦，轉大法輪，一切水火災障都不能加害，並可獲得各種功德果報，所以如來宣說首楞嚴咒，在未來世保護初學的諸行者入三摩地，身心泰然安穩，更無一切諸魔鬼神，及舊業陳債來相惱害。如果有求福報的，速得圓滿，求長命者，皆得願滿。

而楞嚴咒除了首楞嚴經外，另外異譯之本，即：⑴唐不空所譯的《大佛頂如來放光悉怛多鉢怛囉陀羅尼》一卷。⑵元、沙囉巴所譯的《佛頂大白傘蓋陀羅尼經》一卷。⑶元、真智等譯《大白傘蓋總持陀羅尼經》一卷。另有藏譯本，內容大致與真智譯相同。

由於楞嚴咒中，有極大的部分為皈命諸佛菩薩眾賢聖等，及敘述咒願加被遠離惡鬼、疾病、諸難。因此在藏傳佛教中，將其中的許多部分譯為文句，而非以音譯的咒語表現，其實兩者的內容是相同的。所以，在《佛頂大白傘蓋陀羅尼經》及《大白傘蓋總持陀羅尼經》中，許多皈命與祈願的譯文，其實在《首楞嚴經》中，是以咒語的形式出現，兩者只是譯音與譯義不同而已。

而在清代章喜國師所編撰的《漢滿蒙藏四體合壁大藏全咒》第三套第一卷中，則以《首楞嚴經》卷七所載的楞嚴咒為主，而以藏譯本對照校訂，補全漢譯本的缺佚所成。由《大藏全咒》當中，即可看出藏傳《大白傘蓋陀羅尼經》中意譯為一般文字之後，還原成音譯真言的樣貌。

由於宿緣，自己在佛法修證中，深受佛頂諸尊的加持佑護，也深得啟發，尤其是大白傘蓋佛母及佛頂尊勝佛母，更是恒住頂嚴導引佛法修證，使行者能於正法中，如恒浴於佛頂大白傘蓋光明之中，受用佛智注照，不遠離於實相，受恩深重，不知如何回報。

或許，弘揚佛頂光明的如來深智，使一切眾生恒受大白傘蓋、佛頂尊勝佛母等佛頂諸尊的大悲智光注照，而圓滿成佛，才是回報佛頂勝恩的惟一方法吧！

大白傘蓋佛母的行法、真言，具有廣博無邊的威力，如能一心受持，即可具有不可思議的功德妙用與感應。在出世間中，對於佛法修證、開啟深智、鞏固大悲菩提心，皆有強大而迅速的妙用。而在世間中，則能息滅一切災障、守護行者，使行者諸願圓滿，效用實在廣大無邊。

除此之外，如果有人將大白傘蓋佛母真言，書寫樹皮、白氈乃至紙上，佩戴在身上或頸項上，則能終身受到佑護，息滅災障，並淨化身心，消除業障，命終之後，能往生極樂世界。

而將大白傘蓋真言，安置在城門、市鎮、村里、住家中，作廣大供養，還能迅速使國界安寧，也能改善疫病與損壞鬥爭，並使軍兵減少動盪不安。所以大白傘蓋行法，也常被應用於護國息災法會當中，所以當年諾那活佛為了保護國家人民，所以在抗日之際，特別修持大白傘蓋護國息災法會，並普傳此咒，使國家人民安穩受用，由此可知，此法的功德利益。

修持此法以佛智為根要，如能具足佛法正見，妙用迅速圓滿。行者在修持時，平常除了常持此咒，及在修習行法中應當常體悟眾緣性空，一切無我無諍，並可常觀想自己的頂上，具足如來體性的佛智光明，這即是大白傘蓋佛母自身。如果能體悟佛智光明，常住於頂，而一切恒空，那麼即能體受大白傘蓋佛母，常住於頂嚴的真實了。

本行法是依止大白傘蓋佛母的大悲佛智光明，隨緣而出，希望大眾能共同受用，同受大白傘蓋佛母的加持，同證圓滿的佛智佛果。

洪啟嵩

目錄

第一篇

關於大白傘蓋佛母

第一章　大白傘蓋的密義

大白傘蓋佛母法，乃是以大白傘蓋佛母為本尊的密教修法。此尊示現佛母像（女性像），因為他的三昧耶形為大白傘蓋，所以稱為大白傘蓋佛母，全名為「一切如來頂髻中出白傘蓋佛母」，是以息災功德著名於密教界的本尊。

大白傘蓋佛母的修法，從元代傳入中國後，由於威力十分廣大，極有效驗，因此修學者非常多。

而修習此法時，除了體受大白傘蓋佛母的廣大的威德之外，如果能體會其內在修證的密義，應該更能符合大白傘蓋佛母的本懷吧！

從大白傘蓋佛母的全名「一切如來頂髻中出白傘蓋佛母」可以了知，大白傘蓋佛母與如來的頂髻有深刻的關係。如來的頂髻（uṣṇīṣa）又譯為佛頂、肉髻相、無見頂相，原本為佛陀的三十二相之一。

佛陀的頂骨自然隆起，呈為髻形，所以有肉髻之稱，頂髻是慈悲與智慧圓滿、福慧雙足的德徵。乃是一般人所無法看見的殊勝妙相，是至為尊貴、殊勝的象徵。佛頂也代表無上的佛智，因為一切功德中佛智是最為尊貴的，由於佛智的光明，轉化為最尊貴的諸尊，則成為「佛頂尊」。這個語詞可說是把佛陀無見頂相佛格化，並以佛位來顯現。

在《白傘蓋大佛頂王最勝無比大威德金剛無礙大道場陀羅尼念誦法要》中，曾說：「**是大白傘，遍覆於大千；神變難思議，虛空無障礙。諸佛咸稱讚，名大佛頂王；因此證菩提，能轉無上法。**」

可知大白傘蓋即是大佛頂王。因此，我們在修習大白傘蓋佛母法時，應當體悟大白傘蓋乃是如來內證無上佛智所顯現的光明。因此，體悟佛陀的無上真實智慧，從體性上如實受用大白傘蓋光明的注照，自然能夠受持大白傘蓋佛母的體性圓滿灌頂。

大白傘蓋佛母像

大佛頂與佛頂諸尊

從佛頂無上智慧所示現的佛頂尊，後來有了三佛頂、五佛頂、八佛頂、九佛頂及十佛頂等各種分類。

在《大日經》卷一的《具緣品》中，曾說道：「**救世釋師子，聖尊之左手，如來之五頂，最初名白傘，勝頂最勝頂，眾德火光聚，及與捨除頂，是名五大頂。**」

這是說明釋迦如來的五大佛頂。這五佛頂，又稱作五頂輪王、如來五頂，是指具有如來無見頂相功德的諸尊。即：⑴白傘蓋佛頂（梵Uṣṇīṣa-sitātapattrā），又作白傘佛頂。⑵勝佛頂（梵Uṣṇīṣa-jayā），又作勝頂。⑶最勝佛頂（梵Uṣṇīṣa-vijayā），又作最勝頂。⑷光聚佛頂（梵Uṣṇīṣa-tejorāśi），又作火聚佛頂、火聚頂。⑸除障佛頂（梵

Uṣṇīṣa-vikīrṇa），又作捨除頂。據《大日經疏》卷五中說明：「此是釋迦如來五智之頂，於，於一切功德中，猶如輪王具大勢力，其狀皆作轉輪聖王形。謂頂有肉髻形，其上復有髮髻，即是重髻也。餘相貌皆如菩薩，令極端嚴歡喜。」

由此可知五佛頂是如來五智的示現，並以白傘蓋佛頂為先，由此可知大白傘蓋佛母的本來尊位。

另外在《大日經義釋》卷七中，更解說五佛頂所代表的內文：「又白傘佛頂，白是大慈悲義。入攞字門，一切法相不可得故，畢竟常淨。此則如來眾相之頂，以白淨大慈悲遍覆法界做，加大空點也。

又勝佛頂，入捨字門，一切諸法本性寂故。此是大寂之頂，故名為勝，大空義如前釋。

又最勝佛頂，娑是法蓮華義，加三昧聲故，鬢蕊具足。此是如來壽量祕密神通之頂，故名最勝也。

又火聚佛頂，𑖝恒羅是如如無垢義，亦是火輪義。此即如來定慧光明之頂，能除暗障故以為名也。

又除障佛頂，𑖝賀名離諸因緣，亦名自在力。此是如來力無所畏神通之頂，能柔伏一切眾生業垢皆令清淨，是故加囉字門，大空義如前釋。」

由上引文可知：大白傘蓋中的字是大慈悲義，其相則為一切法相不可得，畢竟常清淨的法界體性，在現前則顯現為如來眾相之頂。所以大白傘蓋就是以白淨的大慈悲光明遍覆法界，其體則為大空。

而勝佛頂為如來大寂之頂；最勝佛頂為如來壽量秘密神通之頂；光聚佛頂為如來定慧光明之頂；除障佛頂為如來力無所畏神通之頂，依例可知。另外在《菩提場所說一字頂輪王經》中以金輪佛頂、高佛頂取代為勝佛頂與除障佛頂二者，也稱為五佛頂。

在日本以五佛頂為本尊，依《一字頂輪王經》為祈求息災、增益所修的密法，亦十分盛行。

五佛頂是如來五智的示現

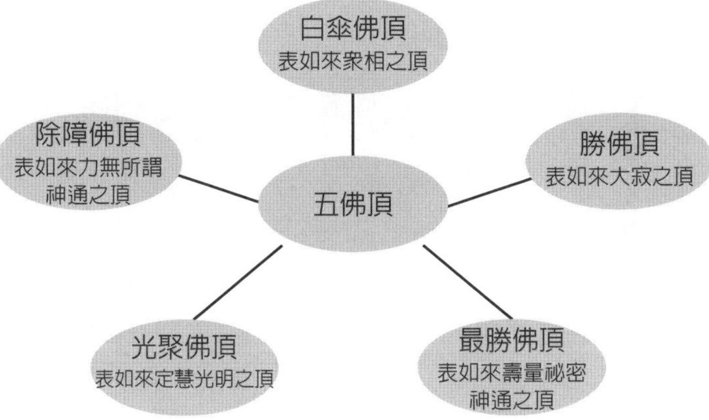

▼如來的五智

五智（梵pañca jñānāni）是指相對於眾生五種染污的意識，轉化為如來清淨的五智。密教中的五方佛就是五智的具體代表。這五智分別為：

1法界體性智：將染污的第九意識轉為世間、出世間等諸法體性之智，在五方佛中配列於中央大日如來與佛部。2大圓鏡智：將染污的第八識轉為法界萬象圓明無垢之智。配列於東方阿閦如來與金剛部。3平等性智：將染污的第七識轉化體現諸法平等性之智，配列於南方寶生如來與寶部。4妙觀察智，從染污的第六識轉化為巧妙觀察生機類而自在說法之智，配列於西方阿彌陀佛與蓮華部。5成所作智：將染污的眼、耳、鼻、舌、身等前五識轉化為成辦自他所作事業之智，配列於北方不空成就佛與羯磨部。以上是就金剛界而言；如果就胎藏界而言，則五智所配列者，依次第為大日如來、寶幢如來、開敷華如來、無量壽如來、天鼓雷音如來。

五智除了以上的意義外，有時也指佛陀所得之五種智，或解脫聖者所得之五種智。

而三佛頂則是指如來三部眾德的佛頂。在《大日經》卷一的〈具緣品〉中也說明：「**復畫三佛頂，初名廣大頂，次名極廣大，及無邊音聲。**」等三種佛頂。

作者恭繪的大白傘蓋佛母像

在這三佛頂中，⑴廣大佛頂，又稱作大轉輪佛頂、廣生佛頂、舍通大佛頂，或稱為黃色佛頂。其相乃是結跏趺坐於赤蓮花上，右手持蓮花，蓮上立獨股杵，臂當胸前。左手拇指與中指相捻，豎起食指，手掌向外，置於胸前。密號為破魔金剛，三昧耶形為五股金剛杵。

⑵極廣大佛頂，又稱作高佛頂、廣大發生佛頂、極廣生佛頂。形像是身黃色，坐於赤蓮花上，左手持蓮當腰，蓮上有綠珠。密號難都金剛，三昧耶形為開敷之蓮花。

⑶無邊音聲佛頂，又作無量聲轉輪佛頂。表示如來梵音的說法無量無邊，能契眾機。其形像為黃色，右手豎掌，屈食指、中指、安置於胸前，左手持蓮於腰側，蓮上有螺貝。密號為妙響金剛，三昧耶形為蓮花上具有螺貝。

另外「八佛頂」則是三佛頂與五佛頂的合稱。而「九佛頂」是於八佛頂之上，再加攝一切佛頂。「十佛頂」則是九佛頂上，再加普通佛頂。但是其名稱常依經軌之不同而有差別。

而在《大日經疏》卷十中說：「**次一切佛頂者，一切佛頂謂十佛剎土微塵數佛之頂。頂是尊勝之義，最在身上也，即是十八佛不共法之別名。此本尊形像，一同釋迦具足大人之相。唯頂肉髻作菩薩髻形為異也。**」

由於，我們能清楚了知佛頂諸尊，即是大佛頂無上佛智的佛格示現。是如來內證的無上功德，也是佛陀十八不共法的具體示現。我們有此體悟，對於我們修習大白傘蓋佛母的勝法，具有關鍵性的廣大作用。

第二章　修法的功德利益

大白傘蓋佛母的修法威力，廣大殊勝。在《大白傘蓋總持陀羅尼經》中說：「**出有壞母，一切如來頂髻中，出白傘蓋佛母餘無能敵大迴遮母。以此決斷一切出者邪魔，亦能決斷餘者一切明咒，亦能迴遮非時橫夭，亦能令有情解脫一切繫縛，亦能迴遮一切憎嫌惡夢，亦能摧壞八萬四千邪魔，亦能歡悅二十八宿，亦能折伏八大房宿，亦能迴遮一切冤讎，亦能摧壞最極暴惡一切憎嫌惡夢，亦能救度毒藥器械水火等難。**」

可知此尊的廣大無敵回遮功能。大白傘蓋佛母以佛陀無上智光為本，蓋覆一切修法行人，使行使消除一切災障，成就無比智慧功德，總持決斷一切明咒真言，實在不可思議。其實，我們從《白傘蓋大佛頂王念誦法要》中所說：「**此大佛頂王，號曰光明聚；猛焰熾流布，如劫火洞然，威力難思議，**

能摧壞一切。」

可知此尊的傘蓋光明如猛焰般熾然流布，威力不可思議，能摧壞一切障礙。

而同經中又說道：「**此大佛頂王，殊勝無與等；是佛大悲力，師子吼流出。一切佛加持，大悲照憂暗；甚深知無垢，令作諸吉祥。菩薩及諸天，而不能沮壞。獲得不退轉，一切悉安樂。眾毒不能傷，天龍不敢近，書寫及誦持，速疾證悉地。**」

令我們深刻體悟一切如來的無上廣大佛頂智果，都是由佛陀大悲威力，如師子吼般流出。受持大白傘蓋法，能受一切佛加持，除去憂暗，具足甚深無垢，圓滿吉祥。並能證得不退轉，一切安樂。此法能迴遮眾毒災障，書寫及誦持者，能速疾證得悉地成就。

在《大白傘蓋總持陀羅尼經》中，也鼓勵大眾書寫佩戴此咒。經中說：「**凡有行人，以此一切如來頂髻中出白傘蓋佛母餘無能敵大迴遮母，或樺皮**

大白傘蓋佛母像

或白氎或樹皮上書寫已。或戴身上，或項頸上，則能直至終身，以毒不能害，以器械不能害，以火不能焚，以水不能漂，以寶毒不能中，以和毒不能害，以咒毒不能壞，非時夭壽不能侵。一切冤魔及所有惡友等，凡一切處為悅愛所愛敬也。又能恒河沙俱胝八萬四千金剛種等，亦擁護、亦救護、亦覆護，彼等作悅意所愛敬之。……」

可見書寫佩戴此尊真言，則能佑護終身，遠離災障，得人救愛，得到一切金剛種性護法的擁護、救護、守護。甚至滅除眾業，命終往生極樂世界。

此咒不只是護佑自身，對於家宅、聚落、城市、國家也同樣具有護佑功德。在同上經中又說：「以此一切如來頂髻中出白傘蓋佛母餘無能敵大迴遮母，安置於幢頂上作廣大供養已，將幢置大城門上，或宮宅之中，或村坊之中，或聚落之中，或川原之中，或寂靜之處。於餘無能敵大迴遮母處，作廣大供養，則能速然國界安寧。亦能柔善疫病礙與損害鬥爭，餘他一切軍兵也。」

所以，此法功能護國息災，因此在抗日戰爭時，西藏紅教諾那活佛等，特別勤修〈大白傘蓋護國息災法會〉，並普傳此法，以擁護國土，護國吉祥，功不唐捐。

在《楞嚴經》卷七中，當如來要宣說〈楞嚴咒〉時，經中如此記載著：

「爾時世尊從肉髻中涌百寶光，光中涌出千葉寶蓮，有化如來坐寶華中，頂放十道百寶光明。一一光明，皆遍示現十恒河沙金剛密跡，擎山持杵，遍虛空界。大眾仰觀，畏愛兼抱，求佛恃怙，一心聽佛無見頂相放光如來宣說神咒。」

真是無比的莊嚴勝景，令人不禁合十景仰。

在《楞嚴經》中也記載著此咒的功德。佛陀告訴阿難說：「阿難！是佛頂光聚悉怛多般怛羅祕密伽陀微妙章句，出生十方一切諸佛。十方如來因此咒心，得成無上正遍知覺。十方如來執此咒心，降伏諸魔制諸外道。十方如來乘此咒心，坐寶蓮華應微塵國。十方如來含此咒心，於微塵國轉大法輪。十方如來持此咒心，能於十方摩頂授記，自果未成，亦能十方蒙佛授記。十方如來依此咒心，能於十方拔濟群苦，所謂地獄、餓鬼、畜生、盲聾、病瘂、怨憎會苦、愛別離苦、求不得苦，五陰熾盛，大小諸橫同時解脫。賊難、兵難、王難、獄難、風水火難、飢渴、貧窮，應念銷散。十方如來隨此咒心，能於十方事善知識，四威儀中供養如意，恒沙如來會中推為大法王子。十方如來行此咒心，能於十方攝受親因，令諸小乘聞祕密藏，不生驚怖。十方如來誦此咒心，成無上覺，坐菩提樹，入大涅槃。十方如來傳此咒心，於滅度後付佛法事究竟住持，嚴淨戒律悉得清淨。若我說是佛頂光聚般怛羅咒，從旦至暮，音聲相連，字句中間亦不重疊，經恒沙劫終不能盡。亦說此咒名如來頂，汝等有學未盡輪迴，發心至誠趣向阿耨多羅三藐三菩提，不持此咒而坐道場，令其身心遠諸魔事，無有是處。」

佛陀在經中是如此推崇此咒，認為此咒能出生一切諸佛。

大白傘蓋的真言及行法，是如此的殊勝，我們每個人都應當如實修學，自利利人，使大家成就大佛頂大白傘蓋的佛智光明，而圓滿成佛。

修持大白傘蓋佛母的功德

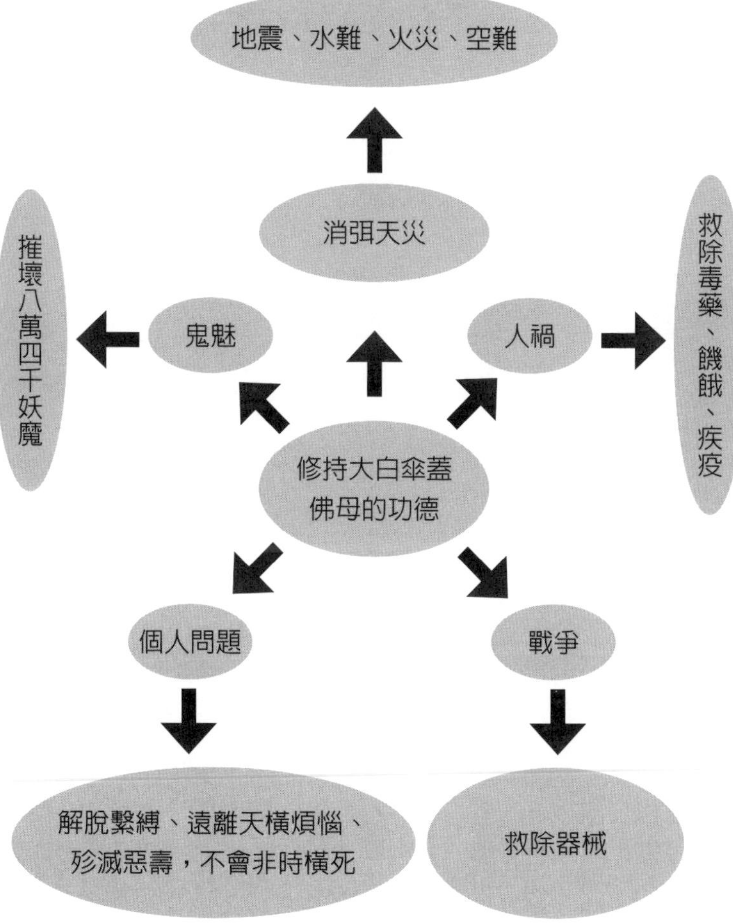

第三章　大白傘蓋佛母的形像

有關大白傘蓋佛母的形像，依《大白傘蓋總持陀羅尼經》所載，略述如下：「**一面二臂具三目，金剛跏趺而坐。右手作無怖畏印，左手持白傘當胸。嚴飾種種瓔珞，身色潔白如雪山上日光明照。具喜悅相，顯無自性。**」

而依西藏所傳，此尊的形像是「白傘蓋母身色白，一頭二臂面三目，身被天衣冠寶冠。手足掌心各一目，左持傘蓋右施願，金剛跏趺坐蓮月。」兩者都是一面二臂三目的形貌，而其三昧耶形則為大白傘蓋。

另外在藏傳中，還有二種形像。一種是三面八臂，每面各三目的形像。左、右的第一隻手，都各持著大白傘，而左手第二隻持著法輪，第三手持弓，第四手持羂索。右手第二隻持金剛杵，第三手持箭，第四手持矛，安祥愉悅結跏趺坐。

另外從《大白傘蓋總持陀羅尼經》中，有：「**出有壞母，一切如來頂髻中，出白傘蓋佛母，金剛頂髻大迴遮母，具千大臂母，有千大首母，具十萬俱胝目，不二熾燃具種相金剛寬廣大白母，主宰三界中圍母。**」而有千臂、千首、千足的尊像的示現。此尊千首皆具三目，愉悅自在，左手當胸持大白傘蓋，右手持金剛杵，其餘諸手各持法器莊嚴或兵器等，的確有主宰三界中圍母的威德莊嚴。

修持大白傘蓋佛母法要，有無邊的世、出世間的利益。如果能真實依止佛智，體悟現空的法界實相。其實大白傘蓋佛母，就是我們頂嚴佛性的自然流露，是我們體性佛智的法爾光明示現。大白傘蓋佛母其實從來沒有離開我們的頭頂，當我們體悟佛智本具，現前的佛頂莊嚴，自然法爾生起。大白傘蓋佛母，早就住於我們的頂嚴，施予我們無盡無際的體性灌頂，也永遠的佑護著我們。

南無一切如來頂髻中出大白傘蓋佛母。

大白傘蓋佛母的各種形像

一面二臂三目的形像

三面八臂三目的形像

千臂千首千足的大白傘蓋佛母像

第四章　楞嚴咒與大白傘蓋真言的關係

〈楞嚴咒〉在中國可以說是家喻戶曉的眾咒之王。其功德效驗不可思議，現在更是寺院中必備的法寶，每日早課中必備的功課，相沿成習。

相傳自唐朝的大通神秀禪師之後，禪院為了祈禱結夏安居期間，一切安祥無事，所以讀誦此咒，後來到了宋期的真歇清了禪師之後，更是相沿成習。依據《瑩山清規》所記，在楞嚴會、涅槃會、灌佛會、成道會等法會中，都持誦此咒。

除此之外，楞嚴咒自古以來亦曾被刻成經幢供養，如朝鮮平安北道龍川郡邑東面東部洞、黃海道海州郡泳東面清風里，都有大佛頂陀羅尼幢。而大唐青龍寺內也供有曇貞所建不空音譯的大佛頂陀羅尼碑。

楞嚴咒即大佛頂陀羅尼，同樣也是大白傘蓋佛母真言。楞嚴咒原稱大佛頂陀羅尼，梵語名為mahāpra tyaṅgirā-dhāraṇī，全稱為「大佛頂如來頂髻白蓋無有能及甚能調伏總持」，又稱作大佛頂如來放光悉怛多鉢怛囉陀羅尼、大佛頂滿行首楞嚴陀羅尼、首楞嚴陀羅尼、大佛頂如來頂髻白蓋陀羅尼、大佛頂真言。另外簡稱為楞嚴咒、佛頂咒、首楞嚴咒，為宣說大佛頂如來內證功德的真言陀羅尼。

楞嚴咒除了在《大佛頂首楞嚴經》卷七中錄有此陀羅尼，題名為「中印度那蘭陀曼荼羅灌頂金剛大道場神咒」，共為四三九句。經中記載，佛陀於宣說此咒後，並頌揚此咒乃佛頂光聚悉怛多般怛羅祕密伽陀微妙章句，出十方一切諸佛。十方如來因此咒心，得成無上正遍知覺。十方如來執此咒心，降伏諸魔制諸外道。十方如來乘此咒心，坐寶蓮華應微塵國……等等有如是微妙殊勝不可思議功德。其效驗古來更是多有流傳，被視為咒中之王，為中國寺院早課必誦的功課。

而此咒的出處《楞嚴經》除了傳統上一向被視為密教經典，與密教關係密切外，更是常與《法華經》並舉，有「開悟楞嚴，成佛法華」的說法，可知其受到的崇敬一斑。

另外還有各種譯本，⑴唐・不空譯，《大佛頂如來放光悉怛多鉢怛囉陀羅尼》一卷。⑵元・沙囉巴譯，《佛頂大白傘蓋陀羅尼經》一卷。⑶元・真智等譯，《大白傘蓋總持陀羅尼經》一卷。此外，陀羅尼也有西藏譯本，內容與真智的譯本大同小異。

另外清朝章喜國師所編撰的「漢滿蒙藏四體合璧大藏全咒」第三套第一卷所收的本陀羅尼，則是將《大佛頂首楞嚴經》所載咒文與西藏譯本相對照，而補足漢譯所缺漏者。近代學者曾於中亞發現本陀羅尼的梵本斷片。

楞嚴咒的漢譯與藏譯〈大白傘蓋佛母真言〉，應來自相同的本源，但是在翻譯的處理上，則稍有差異。由於楞嚴咒中大部分的咒文都是皈命諸佛菩薩及祈願、發遣等內容。在《楞嚴經》及《大佛頂陀羅尼》中，都是採用真言咒文的型式，全部以音譯來表現。但在藏傳及元代所譯的《大白傘蓋陀尼經》中，則是將其中許多舊譯為咒語的部分，以一般的譯文表現，而保留一部分作為真言。

因此〈楞嚴咒〉中的真言共有四百三十九句，看來比〈大白傘蓋陀羅尼〉多了許多，其實兩者除了因部分脫落而稍有參差之外，內容其實是一致的。只是有些在〈楞嚴咒〉中的真言的部分，在《大白傘蓋陀羅尼經》中成了皈命、祈願或發遣文而已。

所以章嘉的《大藏全咒》便以《楞嚴經》中的〈楞嚴咒〉為主，參照藏譯本校訂，補充〈楞嚴咒〉中缺佚的部分而成，並且還是全部以咒文的方式呈現。漢藏譯本的部分脫佚，可檢校《大藏全咒》即可知。不過如果以《大藏全咒》中的咒文回校，則可發現元譯的三本《大白傘蓋陀羅尼經》似乎都缺佚第一首咒語。而民國二十一年以藏文咒音重編的《佛說大白傘蓋總持陀羅尼經》，則依藏音加入了過去所缺佚的第一咒。

由漢藏兩譯的對照，可知大白傘蓋陀羅尼即是楞嚴咒，只是處理咒文的方法不同而已。因此，如果將現行的各種大白傘蓋真言，視為楞嚴咒的咒心，也是如理的。

對於楞嚴長咒，古來即有討論，像宋朝子璿的《楞嚴經義疏註經》卷十三中就說：「**此咒四百二十七句，前諸句數，但是歸命諸佛菩薩眾賢聖等，及敘咒願加被離諸惡鬼病等諸難。至四百十九云跢姪他，此云即說咒曰，從四百二十唵字去，方是正咒，如前云六時行道誦咒，每一時誦一百八遍，即正誦此心咒耳。如或通誦，更為盡善。**」

子璿認為楞嚴全咒總共為四二七（楞嚴經中計為四百三十九句），最初的四一八句都是敘說歸命諸佛菩薩等事，以及遠離諸惡鬼病等的各種災難，不能視為正咒。正咒應從第四一九句哆姪他（梵tadyathā，意譯為「即說咒曰」）以下開始，即「**唵　阿那隸　毘舍提　鞞囉跋闍羅陀唎　槃陀槃陀儞跋闍囉謗尼泮　虎𤙖都嚧甕泮　莎婆訶**」等八句。而這八句即是楞嚴的心咒，但是他也認為能夠全部通誦也很好。

子璿的看法有其一定的道理，但是大部分長咒，皈命、讚誦、發遣的部分，都占有極重要的位置。因此，要一體誦論將這些部分計為不是正咒，卻也不必。還是依各人修持方便，或誦長咒、或誦心咒，只要能以佛智光明的大白傘蓋為心來持誦，必能圓滿成就。

第二篇

大白傘蓋佛母修持教授

第一章　大白傘蓋佛母的密護因緣

依怙何深，大白傘蓋佛母。嗡嗡嗡……出生一切供養，身口意恒供至尊聖母前。

能仁化身大白傘蓋佛母，首楞嚴至聖圓滿咒音，能圓成一切有情直至果海；弟子荷恩深重，於此頂禮。

往昔劫來，緣不思議，護誓深重，感憶至深，以血為墨，以骨為筆，以皮為紙，何能書感念於萬一也。

佛母一向護佑，並於昔日上山閉關前大火供，殊勝顯現。是日行大火供完畢；柴落之際，忽然白煙如柱湧高數丈，轉成大白傘；當佛母示現以示護持閉關無障圓滿爾。

後果於山中一切勝妙吉祥；於此所書不及萬一，然深憶佛母恩賜，願法界有情同證圓滿佛境。

這段密護因緣是多年前寫的，記錄我與大白傘蓋佛母之間的因緣。

大白傘蓋佛母護持的誓句因緣很深，他常示現安住於我的頭頂，這樣的密護因緣會在適當的因緣中現起而施予廣大的濟度。

「依怙何深，大白傘蓋佛母。嗡嗡嗡……出生一切供養，身口意恒供至尊聖母前。」對於大白傘蓋佛母的依怙之情何其深切。在「嗡嗡……」的供養咒中出生一切供養，以身口意完全地供養至尊聖母前。

「能仁化身大白傘蓋佛母」，在此因緣中，大白傘蓋佛母是誰的化身呢？他是能仁釋迦牟尼佛的化身，在此大白傘蓋所指的並不是傘蓋，而是借用傘蓋的樣式比喻，來象徵佛頂上的光明；而大白傘蓋佛母則是由佛頂髻光明所化身，所以「能仁化身大白傘蓋佛母」。

「首楞嚴至聖圓滿咒音，能圓成一切有情直至果海；弟子荷恩深重，於此頂禮。」佛母大白傘蓋的咒音，是首楞嚴至聖圓滿的咒音。首楞嚴者堅固

大白傘蓋佛母是誰的化身？

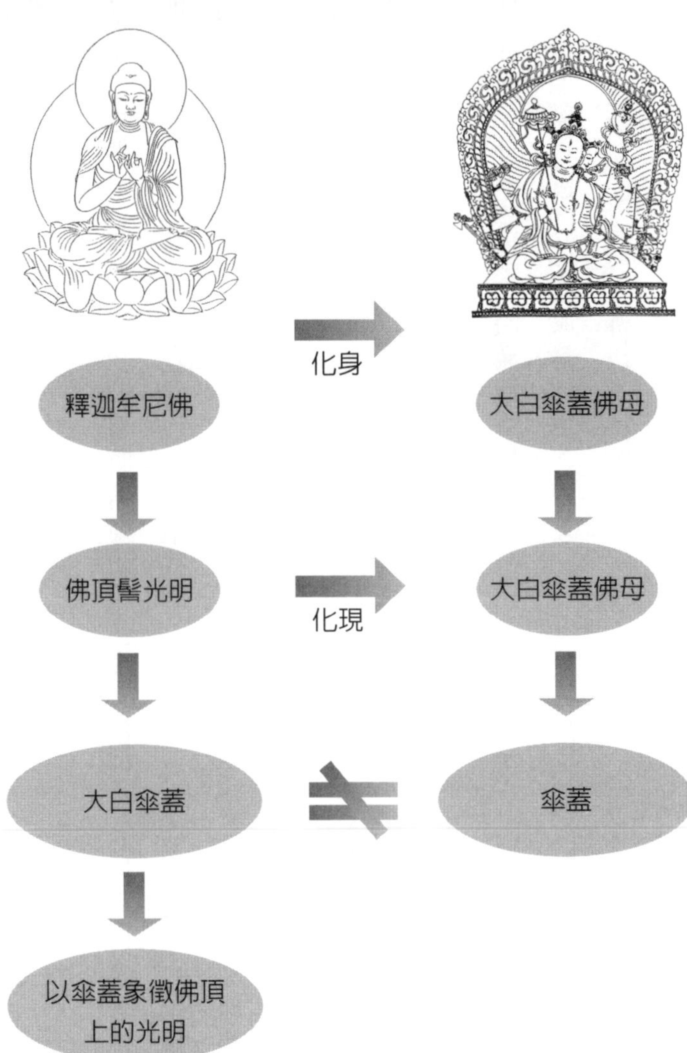

不壞，而佛頂首楞嚴則能圓成一切有情直至成就佛果的彼岸；因為佛母大白傘蓋發願要護持眾生，護佑我們直至成佛。

當我們遭遇障難之時，我們要時常憶起大白傘蓋佛母，誦持大白傘蓋佛母的咒語，而佛母也會依其誓句前來護佑我們；但是，大白傘蓋佛母的作用不僅限於此而已，他更是來護持我們圓證菩提直至果海，這點是要深刻地體會。

我們要體會大白傘蓋佛母是來幫助護佑我們圓證無上菩提，對於此深感所承受的深恩，不禁皈命頂禮於大白傘蓋佛母。

從往昔劫以來，與大白傘蓋佛母之間的因緣實在不可思議，佛母護誓的三昧耶亦是十分地深重，深深地感憶其恩德，若以血為墨，以骨為筆，以皮為紙，何能書寫感念此恩於萬一也。

當年筆者閉關之時，佛母護持的因緣例子不勝枚舉，舉其中一例與讀者分享。

▼三昧耶

三昧耶的梵語是samaya，與三摩耶、縒麼野、娑摩耶相同皆是此字的音譯名稱；其意譯為時、聚會、一致、規則、教理。一般多作為「時」、「一致（平等）」，而密教則常以平等、本誓為其義。

密教中以三昧耶表示諸佛菩薩或諸尊的本誓（因位的誓願），具有平等、本誓、除障、驚覺等四義；即以佛與眾生的體性而言，二者是平等無二，無有差別的（即平等義），所以佛發願為所有眾生開示悟入佛之知見（即本誓義），而眾生由於佛的加持，所以能祛除煩惱障礙（即除障義），使眾生的迷惑心亦能隨之而覺悟（即驚覺義）。

以前我上山閉關之前，曾舉行一次大火供，當時有很殊勝的現象顯現。當天舉行大火供完畢，木柴崩落之際，忽然整個白煙如柱湧上天數丈高，然後倒捲成為大傘蓋，這是大傘蓋佛母的示現。

當時大白傘蓋佛母的示現，是以顯示當時護持閉關無有障礙而圓滿。於後果然於山中閉關修行一切勝妙吉祥；於此所書寫不及萬一，然而在深切憶念佛母深恩的同時，也祈願法界有情能同證圓滿的佛境。

能仁堅固首楞嚴大白傘蓋佛母讚

皈命大白傘蓋佛母前

能仁堅固首楞嚴　眾生依怙白傘蓋
至悲至尊聖佛母　我與有情咸禮敬
釋尊大悲所出生　至威伏魔大猛母
懾伏一切魔羅眾　善天勝利大吉祥
須倫降伏大吉祥　大慈大智大吉祥
眾生成佛大吉祥　頂禮聖教大吉祥
佛頂圓滿聖吉祥　誓句圓成大吉祥
三面八臂大吉祥　千手千眼大吉祥
願永護誓大吉祥　依怙聖母聖吉祥

別毛山上大吉祥　人間行中大吉祥
有情眾生願圓滿　咸破一切菩提障
諸願成就大吉祥　皈命佛母聖吉祥
嗡阿吽吽吽吽呸　現證吉祥大圓滿

這是「能仁堅固首楞嚴大白傘蓋佛母讚」，首先皈命禮敬大白傘蓋佛母前。

「皈命大白傘蓋佛母前，能仁堅固首楞嚴，眾生依怙白傘蓋，至悲至尊聖佛母，我與有情咸禮敬。」

「能仁堅固首楞嚴，眾生依怙白傘蓋，至悲至尊聖佛母，我與有情咸禮敬」，在現前的娑婆世界中，大白傘蓋佛母所示現的因緣，是由釋迦牟尼佛頂髻所現起的，「能仁」是指釋迦牟尼佛。

大白傘蓋佛母現起的因緣

大白傘蓋佛母是由一切如來頂髻所化現，而在此的因緣，則是由釋迦牟尼佛頂髻所現起。

這因緣的發生是當帝釋天王和阿修羅發生戰鬥時，帝釋天落敗，於是帝釋天便去祈求釋迦牟尼佛的加持與教示，當時釋迦牟尼佛的頂髻上現起了千臂千眼的大白傘蓋佛母，巨大無與倫比，阿修羅眾們見到此景，紛紛驚嚇而逃，也因此結束了這場爭戰。這是大白傘蓋佛母所現起的因緣。

▼帝釋天

梵（Śakra-devānām-indra），漢譯名另有釋提桓因、天帝釋、因陀羅、釋迦因陀羅、憍尸迦等名。忉利天（即三十三天）的領袖，佛教重要護法神之一。

所以大白傘蓋佛母就是由佛頂所現起的大悲首楞嚴，他現起大智、大悲來教化眾生，來堅固首楞嚴三昧，是眾生依怙的大白傘蓋。因此大白傘蓋並不是指一支傘，這是一種表徵，代表佛頂的大光明，他能夠造就護持一切眾生，所以他是眾生的依怙，我們依怙著佛母的智慧而圓滿成就。所以他亦是至悲至尊的聖佛母，我等與眾有情都禮敬於至尊的大白傘蓋佛母。

大白傘蓋佛母能夠攝伏一切魔羅

「釋尊大悲所出生，至威伏魔大猛母，懾伏一切魔羅眾」，大白傘蓋佛母是由釋迦牟尼佛的大悲心中所出生，他是至威伏魔的大猛母，他的威力無雙，所以此尊又稱為「無敵金剛大佛母」，他能夠攝伏一切魔羅之眾。

所以當我們誦持大白傘蓋佛母咒，堅甲咒之時，一切魔羅眾就無法傷害我們；除非我們自身所生起的心魔，這是我們所要小心的，要深刻了解此點。不要以為外相的修行功夫都修得很好就沒有障礙，而魔障往往容易由我們的自心中生起。此時，最重要的是要清楚地觀照自心，使一切妄想平息。

我們感覺到有魔障現起時，我們要如何來降伏這些魔障呢？

我們可以用真言來保護自身，譬如我們念誦大白傘蓋佛母咒，一切魔擾便會遠離，無法接近；如果仍繼續有障礙出現，此時，就要留意，也許這問題所在是來自於我們自身，因為是我們主動製造一些機緣，讓這些障礙存在。此時即使大白傘蓋佛母要來守護我們，也毫無對策，也就起不了任何保護作用。這當中的意義其實是要表明「內賊難防」，一般我們要降伏外在的魔擾都不是難事，反而是「內賊」不容易提防，很多魔擾都是自己的因緣所召感而來的。

如果我們修習一個法門而沒有產生效果，其原因大都是我們自己把它弄得沒效用，這就如同我們擁有很多守護的門神，守護的力量連鬼魔都無法進入，但是如果我們讓他跟隨著我們自身而入，那門神也難以遏阻了。

所以在此要注意，我們不只是要將大白傘蓋佛母放在心外，更重要的是

感覺有魔障現起時，如何降伏？

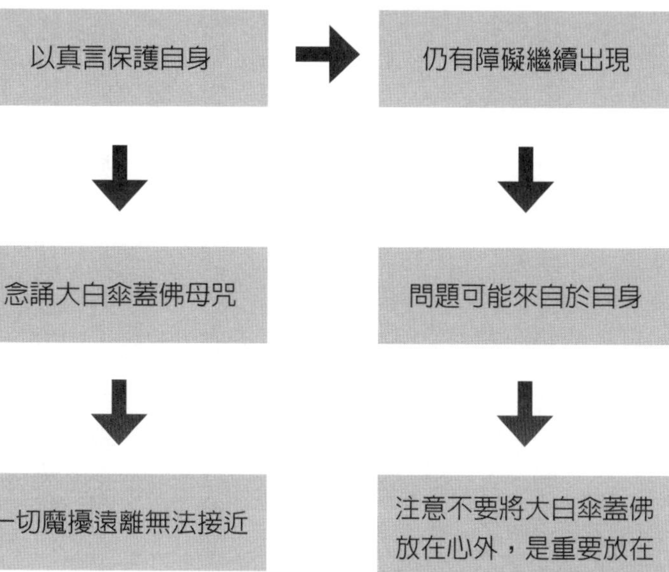

要放在心內，心的最中心，心中心的堅甲咒。

我們如何能夠不受一切諸魔干擾？最殊勝的方法莫過於將堅甲建立於虛空當中，用法性來觀照，而我們了知自身本空，本來空就無有障礙之處，於是便能懾伏一切魔羅眾。

如果了知魔的體性與大白傘蓋佛母無有差別，都是如幻的體性，則法界現前平等平等無有差別。

「善天勝利大吉祥，須倫降伏大吉祥，大悲大智大吉祥，眾生成佛大吉祥」，這善天勝利是前面介紹的帝釋天的因緣；「須倫」是指阿修羅，阿修羅被大白傘蓋降伏了，於是就大吉祥了，這是讚頌大白傘蓋佛母的威力功德。

佛母是大悲大智大吉祥，有大悲、大智是大吉祥之事，沒有比這更吉祥的事了；大白傘蓋佛母就具有大悲大智，佛母的大悲大智是要使我們眾生成佛大吉祥。

作者恭繪三面八臂大白傘蓋佛母像

成就佛頂圓滿

「頂禮聖教大吉祥，佛頂圓滿聖吉祥，誓句圓成大吉祥」，我們頂禮聖教大吉祥，我們要使自己也成為佛頂，也惟有如此才能守護我們的佛頂，才能成就佛頂圓滿聖吉祥。佛母圓滿成就其三昧耶誓句，教化成就眾生的因緣大吉祥。

「三面八臂大吉祥，千手千眼大吉祥，願永護誓大吉祥，依怙聖母聖吉祥」，本次修法的大白傘蓋佛母是三面八臂像，讀者可參考其法相，他手上所持的鈎是三叉戟，另外還有一面二臂尊，三面六臂尊，其造像有很多種形式，隨著不同的傳承因緣而有不同的示現。大白傘蓋佛母亦有千手千眼的像，所以千手千眼大吉祥，希望佛母願永護誓大吉祥，依怙聖母聖吉祥。

「別毛山上大吉祥，人間行中大吉祥，有情眾生願圓滿，咸破一切菩提障，諸願成就大吉祥，皈命佛母聖吉祥」，筆者在山中閉關，當時是由大白傘蓋佛母護持，而佛母常在一切有情眾生的頭頂上現起，如母親般的護持著我們。

為什麼要在人間行中大吉祥呢？這是思念起當時我在山中修行，下山後在人間行道，希望佛母能永遠護持大吉祥，也希望佛母能幫助眾生得到圓滿的眾願，能破除一切成就菩提的障礙！祈願的諸願都能夠成就廣大的吉祥圓滿，我們皈命佛母勝利大吉祥。

「嗡啊吽吽吽吽呸，現證吉祥大圓滿。」此時自然生起「**嗡啊吽吽吽吽呸**」的咒音，「**嗡啊吽**」即是一切法界根本智，從中再生起「**吽吽吽呸**」，此咒音能破除一切障礙，所以現前法界明空，現成吉祥廣大圓滿。

▼根本智

梵（mūlajñāna），指根本之智，又名根本無分別智。為「後得智」的對稱。即諸智的根本，是契證真如妙理的無分別智。

第二章　說法因緣

法身之法的宣說

愚癡心子所祈請　密明金剛首楞嚴
法身頂髻大白傘　大悲如泉自湧現
如母親母養乳母　常住頂嚴如頭首
本無所示法身法　能護全佛金剛母

為什麼要宣說大白傘蓋佛母的勝法呢？因為愚癡心子所祈請，由於智慧的不圓滿，所以要祈請此法，而現在祈請此法的因緣成熟了，於是宣說大白傘蓋佛母的勝法。

安住於首楞嚴

在這樣的祈請因緣當中，「密明金剛首楞嚴，法身頂髻大白傘」，大白傘蓋佛母如實的在此祈請中示現，所以祕密持明的金剛安住於首楞嚴中，現起法身頂髻大白傘蓋佛母。所以大白傘蓋佛母就是在密明金剛的首楞嚴當中，在此頂髻當中所現起的法身。

▼持明

有二種意義：⑴梵語陀羅尼（dhāraṇī）之義，是真言密咒的異名。⑵明（vidyā）指能破除黑暗的智慧，轉成真言陀羅尼之義；而持明即受持傳承真言，並明了真言密義；以真言的大慧光明破除無明，顯現如來真實的智慧。亦可轉稱為一切密教行人。

「大悲如泉自湧現，如母親母養乳母，常住頂嚴如頭首」，而此法身頂

大白傘蓋佛母常住於頂嚴如來頭首

髻大白傘要從首楞嚴當中示現，所以必須以如泉湧般的大悲來顯現大白傘蓋佛母。他是如母、親母、養母、如乳母一般堅固的護持著我們，來使我們圓滿成佛。所以他常安住於我們的頂上，宛如是我們的頭首。

「本無所示法身法，能護全佛金剛母」，現在將本無所示的法身之法，能護持一切眾生圓滿成佛的金剛母之妙法，與大家來宣說。

為何是本無可示的法身之法呢？因為造此法本之時，頓然一念現起：一切本然現成，無庸再造此法門。這是就佛母大白傘蓋的體性而言，是無需有法本的，所以這是本無可示的法身之法，但由於緣起的關係，還是勉強宣說此法。

大白傘蓋佛母是常住於頂嚴如頭如首，本無所示之法身大法，能護持全佛成就之金剛大法，這是說法因緣。

第三章　大白傘蓋佛母大悲法軌

皈命

皈命上師三寶體　緣起法身圓福智
皈命一切如來前　常寂空樂金剛定
皈命勝妙無上法　全佛圓滿住無生
皈命究竟僧寶眾　如海印空遍法界
體性稽首如帝珠　相應如實不捨離
皈命一切如來頂　皈命十方諸佛前
皈命楞嚴法身法　皈命白傘蓋佛母

吽 呸 吽 痲痲 吽 聶 唆哈

發心

如尊發心首楞嚴　全佛現成圓佛頂
法爾空乳流智海　大慈大悲大喜捨
全佛現前大菩提　大三昧耶如頂嚴
相憶互誓大願句　相續無間無退轉
圓頓發心全佛眾　海印法界蓮華藏

自生本尊

如來悲智力加持　自性法爾清淨力

現前清淨身口意　唵朗唆哈現無染
火生三昧體性中　遍燒法界遍明空
大空體性無可示　體性密意豁然顯
大智海中鍐字現　大悲現成化白蓮
清淨白蓮無生阿　法界體性化月輪
華月輪上現嗡字　光明遍照法界全
迴光返照佛自智　種字現成白傘蓋
白傘金柄蓋現嗡　遍照法界自明空
返照體性自圓明　自生現成大佛母
三面八臂身具白　左紅右藍中首白
各具三眼薄瞋面　右手第一持幢傘
第二手持金剛杵　第三持箭四鐵鉤
左手正持白傘蓋　第二手持如意輪

第三持弓四羂索　金剛跏趺自安坐
妙身雪山遍照白　髮黑法爾具五髻
身著瓔珞披天衣　空無自性如幻鏡

供養

備具供品，如力供養

1.外供

外供身器界　外顯諸法界
無我全獻供　無著娑婆訶
嗡、嗡、嗡、嗡、嗡、嗡……（廿一稱）

2.內供

內供無住心　意識秘密語
無為全獻供　寂滅娑婆訶

3.密供

密供勝甘露　體現白傘母
大悲空智乳　全供娑婆訶

4.法性供

圓頓法界體　誰爾不成佛
如智相隨護　全佛娑婆訶

觀法爾本尊

自觀頂上白嗡字　喉間紅阿胸藍吽
吽字放光照法界　迎請白傘蓋佛母
如實莊嚴示究竟　如實住頂首楞嚴

再供養

1. 普供——廣大不空摩尼供

嗡　阿慕迦　布惹　摩尼　跛納摩　縛日隸

Oṃ amogha-pūja maṇi-padma vajre

怛他蘗多　尾路枳帝　三滿多　鉢羅薩羅　吽
tathāgata-vilokite　samanta-prasara hūṃ
皈命不空供養寶珠蓮　廣大金剛如來觀普界
無量無邊微塵廣大數　供養雲海法爾自流出
法界道場普遍諸海會　一切聖眾無盡皆供養
特別大白傘蓋聖佛母　法爾成佛無盡遍法界
濟度眾生永無間斷時　無量威力自在賜行者
二利行願圓滿大成就　眾生成佛究竟大供養

2.四層供養

(1)外供

外供身器界　外顯諸法界
無我全獻供　無著娑婆訶

嗡、嗡、嗡、嗡、嗡、嗡、嗡……（廿一稱）

(2)內供

內供無住心　意識秘密語

無為全獻供　寂滅娑婆訶

(3)密供

密供勝甘露　體現白傘母

大悲空智乳　全供娑婆訶

(4)法性供

圓頓法界體　誰爾不成佛

如智相隨護　全佛娑婆訶

相攝

般若法身三昧耶　入我我入一合相
惹吽鑁霍圓相攝（jaḥ hūṃ vaṃ hoḥ）　無二本然大佛母

五佛灌頂

現觀五佛大灌頂　圓成法爾金剛母
大白傘蓋遍光明　佛首楞嚴自安住

讚誦

本智全佛體性常寂光　俱明法界遍空自法爾
無生遊戲無滅示如來　大悲頂智自住首楞嚴
秘密微笑一心金剛住　法爾遍照現前無敵母
金剛佛母法界大明母　大密主母無礙法身母
一切如來頂髻自在母　大力空悲吉祥忿怒母
金剛伏魔猛暴威德母　熾盛威光智燄明佛母
智燄寶鬘白衣韄韄母　救度密眼金光明佛母
如意摩尼寶鬘莊嚴母　大白傘蓋大力大佛母
唵無有能敵大緊母　大掇朴母大力母
大熾然母大威母　大白蓋母大力母

熾然掛纓白衣母　聖救度母大嗔皺
聖世金剛稱念珠　蓮華昭明金剛名
無有能敵具念珠　金剛牆等摧壞母
柔善佛等供養母　柔相威力具大母
聖救度母大力母　不歿金剛鐵錠母
金剛少童持種母　金剛手種金念珠
大赤色及寶珠母　種明金剛稱頂髻
動相窈窕金剛母　如金色光具眼母
金剛燭及白色母　蓮華目及月光母
手印聚處稱讚禮　出有壞母白蓋母
釋迦頂髻中出母　金剛頂髻迴遮母
千臂千手大具母　大俱胝之具眼母
不二熾燃具種相　金剛廣博大白母

主宰三界中圍母　最極於我求擁護
最極於我乞覆護
唵國王賊怖水火毒　器械飢饉邪魔疾
霹靂非時并夭壽　地震國王刑罰等
閃電飛空諸怖散　惡獸虎等大難中
一切時中乞覆護　其天魔等諸魔礙
能奪威力並餓鬼　風膽痰等大病中
一切時中乞覆護　貪癡瞋等諸煩惱
十不善業五無間　所遮自性罪業等
惡趣苦果怖畏中　愚資我今求覆護
以大慈悲之鐵鉤　猶如愛子乞護持
一切時中擁護我

（註：從唵字以下五十二句出自大白傘蓋總持陀羅尼經）

密咒（盡力持誦）

1. 體性堅甲咒

吽　呸　吽　嘛嘛　吽　聶　唆哈

2. 懺悔

大悲體性懺　寂靜住本然
現前眾成佛　究竟第一懺
如實實相觀　罪業如霜露
自銷自清涼　忽憶生全佛
吉祥金剛定　嗡班雜薩埵

阿體本無生　長阿住明空

3.誦百字明

嗡　班雜爾薩埵　薩馬亞　馬努巴拉亞　班雜爾薩埵得努巴　地踏地都美巴哇　蘇朵卡約媚巴哇　蘇波卡約媚巴哇　阿奴若埵媚巴哇　薩爾哇　悉地　美炸亞擦　薩爾哇嘎爾瑪　蘇雜美　只但　歇鋭亞　古魯吽　哈　哈　哈　哈　賀　班嘎文　薩爾哇答踏嘎答　班雜馬妹悶雜　班基利　巴哇　瑪哈　薩瑪亞　薩多　阿

迴向

一切如來智頂髻　大悲秘密自流出
能仁堅固首楞嚴　大悲薄瞋法身行

究竟智體自總持　緣起善妙勝修證
現成功德普迴向　一切如來住眾頂
現成佛頂首楞嚴　大白傘蓋聖佛母
常住頂嚴法爾中　眾生全佛自成就
大力無礙大威光　大力伏魔去災障
法爾福德自增德　無災無障全佛長
國家康樂永堅固　一切願滿勝吉祥
身心安樂菩提增　遍照法界無量光
傳承相續無盡燈　佛樂無盡勝吉祥

體性大白傘蓋佛母最密心要

體性首楞嚴　最密勝頂髻

法爾常安住　白傘蓋佛母
自法住法位　自不離於頂
如實密指示　現成即受用
大悲自湧出　無敵金剛母
自在自瑜伽　頓然大圓滿
聽聞即具足　如頂自安然

一、究竟皈命

修學大白傘蓋佛母修法之前，希望大家先明白一點：我們依照儀軌修行，而修持儀軌的是「人」，是個修行之人，所以如果單只是修持儀軌而沒有至誠的心意，只是依照儀軌口中念誦，相信這樣的工作，錄音機就可以辦到，所以我們的修行是要發自深心、要有至誠的心意。

因此在因緣未起之際，我們總是要發善心、善願來成就這些善緣，這一點心意是要有的。

而我們的心在空間上是要遍及十方法界，在時間上則是三世流通不盡，以出世間的心來關懷眾生，以無窮的悲心與願力，投入對眾生永無止盡的救度，直至成佛。而在此時此地我們所修行的對象就是我們的同修、親人、朋友，在每個人的頂上是首楞嚴，都是大白傘蓋，如此的修法才能進入修行的核心！

皈命禮敬上師三寶體

我們皈命頂禮上師、佛、法、僧三寶。

皈命上師三寶體　緣起法身圓福智
皈命一切如來前　常寂空樂金剛定
皈命勝妙無上法　全佛圓滿住無生
皈命究竟僧寶眾　如海印空遍法界
體性稽首如帝珠　相應如實不捨離
皈命一切如來頂　皈命十方諸佛前
皈命楞嚴法身法　皈命白傘蓋佛母
吽　呸　吽　麻麻　吽　聶　唆哈

「皈命上師三寶禮，緣起法身圓福智」，首先皈命上師三寶體。

我們先來了解什麼是「上師」？上師即是三寶義，是佛、法、僧常住三寶的總集，我們是藉由上師的因緣，得到三寶的加持而獲至成就，所以我們必須觀想上師為三寶之總體，上師是從法身中緣起而能夠圓滿我們的福德智慧，首先我們皈命上師三寶體。

禮敬一切如來

「皈命一切如來前，常寂空樂金剛定」，我們皈命一切如來前，一切如來是安住於常寂空樂中現起殊勝的金剛定，所以我們皈命一切如來，這是皈命佛寶。

禮敬無上妙法

「皈命勝妙無上法，全佛圓滿住無生」，殊勝深妙的無上法，能夠一切眾生圓滿成佛，而安住於無生的體性當中，所以我們皈命勝妙的無上法，這是皈命法寶。

▼無生
又作無起。是指諸法的實相是空，並沒有真實的生滅現象，所以是無生。

禮敬究竟的僧寶眾

「皈命究竟僧寶眾，如海印空遍法界」，我們皈命禮敬究竟的僧寶眾，這究竟的僧寶眾就如同大海印著天空，如雲般的顯現遍及一切法界，這是皈命僧寶。

「體性稽首如帝珠，相應如實而不捨離」，我們皈命上師，佛、法、僧三寶，但是要如何皈命才是真實的皈命呢？真實的皈命是必須依體性來稽首上師三寶，上師三寶宛如摩尼帝珠一般，我們要相應如實而不捨離，這是皈命上師佛法僧三寶，接下來是皈命大白傘蓋佛母與此法門。

禮敬大白傘蓋佛母與法門

「皈命一切如來頂，皈命十方諸佛前，皈命楞嚴法身法，皈命白傘蓋佛母」，首先我們皈命一切如來頂，一切如來的至頂；皈命於十方諸佛之前，再皈命於楞嚴法身之法，皈命於大白傘蓋佛母，對此法門的上師、佛、法、僧三寶眾，我們全部都要至心皈命。

「吽　吒　吽　麻麻　吽　聶　唆哈」是大白傘佛母的心咒，心中的堅甲咒。

二、善發無上菩提心

如尊發心首楞嚴　全佛現成圓佛頂
法爾空乳流智海　大慈大悲大喜捨
全佛現前大菩提　大三昧耶如頂嚴
相憶互誓大願句　相續無間無退轉
圓頓發心全佛眾　海印法界蓮華藏

以何種心境來修習此法

修習大白傘蓋佛母時，我們應當以何種心境、何種見地來修習此法？倘若我們沒有發起無上菩提心就沒有大乘佛法，因為大乘佛法即是菩薩成佛的法門，這是要發起無上菩提心誓度一切眾生，使他們離苦得樂成就無上佛果的法門，而不只是自求解脫的法門而已。

▼菩提心

全稱為阿耨多羅三藐三菩提心，又作無上菩提心，即是求無上菩提的心。菩提心為一切諸佛的種子，淨法長養的良田，若發起此心來勤行精進，當得速成無上菩提。

所以由此可知菩提心乃一切正願的起始、菩提的根本、大悲及菩薩眾的所依；大乘菩薩最初必須發起大心，稱為發菩提心、發心、發意；而最初的發心，稱初發心、新發意。求往生淨土者，亦須發菩提心。

而菩提心的體性，據《大日經》〈住心品〉記載：如實知自心，即為菩提。即以本有的自性清淨之心為菩提心。

而一切殊勝本尊法的成就，都是來自於體悟本尊的發心——無上菩提心；假若不能了悟諸佛的大悲願海，是不能獲致修持本尊的圓滿成就；至於在身、語、意的三密相應上，若是沒有具足廣大的願力，就不能具足如同所修學的本尊一樣的發心。

假若我們經由觀想身、語、意來與本尊三密相應，意密是觀想本尊的樣貌，語密是持誦本尊的咒語，身密是結本尊的手印。我們思惟一下，是否經由這樣的修行，就能與本尊的身、語、意三密相應，而能圓證成就？

意密的內容是除了觀想本尊的外相之外，還要了解本尊為何會生成如此的樣貌。如果我們只單單觀想這本尊的外相，是不能確實地與意密相應的，而是我們要思惟為何這個本尊會生成此樣貌？是什麼因緣、發心使本尊會具足千手千眼？如此的思惟便產生很大的意義，才能真切地與所修本尊的心相應。

我們更要思維為何佛身會示現三十八相、八十隨形好？為何佛菩薩對眾生永遠總是汩汩不斷的慈悲心？在此就應該要更加了解此佛菩薩的本願力。

為何每尊佛菩薩的手印都不同呢？這其中都是有其事理因緣，我們皆要細細密密地來體會。

如果我們要深刻體會佛菩薩，首先要了解此佛菩薩在性格上有什麼特質；所謂佛菩薩的特質，不是我們一般所指的人格特質，譬如這人個性比較急躁或是平和，不是指這些人格特質，而是指佛菩薩願力的特質，我們要先了解他的特別願力。

了解佛菩薩的心意

例如佛是如何成就的呢？佛的產生一定是依據其三昧耶誓句而圓滿成就，若是沒有三耶誓句就沒有佛的生成，所以沒有願力就沒有佛。

我們平常稱誦阿彌陀佛的佛號，光是口中念著南無阿彌陀佛，這樣子的誦念佛號是不夠圓滿的。而是在我們稱念一句阿彌陀佛的佛號時，是否了解阿彌陀佛的心意呢？是否了解阿彌陀佛的四十八大願呢？

當我們口念：「**南無阿彌陀佛**」，而我們的心發起四十八大願，如此一來我們就能與阿彌陀佛有同等的悲願力。

稱念佛號或誦持咒語當然是有功德的，但當我們誦念本尊心咒時，我們是否心中總是祈求佛菩薩本尊為我消災解運呢？這樣的心態是否正確呢？

我們要了解一切佛菩薩的咒心都是平等心、慈悲心與無上菩提心，要如實體悟本尊的咒心，而以這樣的心意來修持大白傘蓋佛母法，才能具足功德與利益，否則只是口中誦念，手結手印，心中卻無發起平等大悲心；這就像練功夫，只有在拳架上下功夫，而沒有練到內功，如此是無法修習成就。

我們如此發心來修持大白傘佛母，無上菩提心即是菩提，善發菩提心，終能出生圓滿的佛智，圓滿悲智而出生諸佛。

與佛菩薩同一發心

所以我們要修習本尊觀，要先把本尊所具足的願心研究清楚，他是如何發起大慈大悲心及本願力。他如何完成其願力？他有何種特色？要如何發心才能夠成就、才能夠救度何種眾生？這些都要明白清楚。清楚了這些以後，由於我們的發心，從此就能無礙地踏上菩提的道路。

修習本尊觀的第一要件

1.研究本尊的願心

2.本尊是如何發起大慈大悲心及本願力

3.本尊如何完成其願力

4.本尊的特色

發心如果和本尊一樣，我們的心即是本尊的家，本尊即安住在我們心中

依此發心，我們所修學的本尊會自然與我們相應，我們的心就是本尊的家，我們的發心如果和如來一樣，我們的心即是佛陀的家，佛陀便安住在我們的心中；因為我們未發心，佛陀就不住於我們的心中，就如同我們自己將他捨棄一般。

佛菩薩、本尊都是安住在清淨的境界之中，然而本來清淨的心，我們常常是沒事就把他弄得亂七八糟。就如同《十地經》云：「**眾生身中有金剛佛性，猶如日輪，體明圓滿，廣大無邊；只為五陰黑雲之所覆，如瓶內燈光，不能照輝。**」我們的自心本來清淨，就讓佛菩薩安住於我們的自心之中，安住於此，讓我們與佛菩薩同一發心，同願同行。

「如尊發心首楞嚴，全佛現成圓佛頂，法爾空乳流智海，大慈大悲大喜捨」，無論我們修持什麼本尊法，我們都要把所修持的本尊發心弄得清楚明白：修學釋迦牟尼佛，便把釋尊的心弄清楚；修藥師法便把藥師佛的心弄清楚。如此一來我們便有福了！

如同大白傘蓋佛母一般發起無上菩提心

將佛菩薩的發心弄清楚，而且如同佛菩薩的心一般發心，這比我們修習一百八十萬遍的儀軌功德都還大。所以我們修學大白傘蓋佛母，便要將佛母的精神、心意好好的體會。

「如尊發心首楞嚴」，我們要依大白傘蓋佛的發心來發起無上菩提心，大白傘蓋佛母是依何而示現呢？是由佛頂所現，而變成佛頂寶蓋覆於一切眾生，來護佑一切眾生成佛。大白傘蓋佛母是從一切如來佛頂髻所現形的寶蓋，來護持一切眾生，所以「全佛現成圓佛頂」。

「法爾空乳流智海」，如果有一天，我們做一個夢，夢見在空中擠牛乳；或是在石頭上彈琴；這在修行上就有些趣入了。這代表緣起啊！法爾空乳才能流出智慧海，這是大智海的灌頂。

當我們修習拙火時，修法中有提到智乳灌頂，這智乳從何而來呢？這智乳即是從空性而來。

由此看來，大白傘蓋佛母就是我們的乳母，她養育著我們，護佑著我們直到成佛。所以我們可以說是從大白傘蓋佛母的智慧大海裡頭所流出來的，他真的是我們的乳母、養母、生母，在不同的意義中有著不同的感受。

「大慈大悲大喜捨」，我們要發起大慈（緣於無量眾生，思惟使他們得樂的方法，而證入「慈等至」的定境，稱為慈無量。）、大悲（緣於無量眾生，思惟使他們離苦的方法，而證入「悲等至」的定境，稱為悲無量。）發起大喜（思惟無量眾生能夠離苦得樂，內心深感喜悅，而證入「喜等至」的定境，稱為喜無量。）發起大捨（思惟無量眾生一切平等，沒有怨親之別，而證入「捨等至」的定境，稱為捨無量。）發起大慈、大悲、大喜、大捨四無量心。

「全佛現前大菩提，大三昧耶如頂嚴」，現觀眾生全佛現前大菩提，如此大三昧耶就常住於我們的頂嚴。

「相憶互誓大願句，相續無間無退轉」，大白傘蓋佛母常住於我們的頂嚴，我們與她相互憶念永不忘失，如同子憶母、母親憶念孩子一般，憶念互相成就的三昧耶誓句大願，相續無間而永無退轉。

「圓頓發心全佛眾，海印法界蓮華藏」，這是圓頓發心的全佛眾生，我們要體悟一切眾生都是佛陀，一切眾生頂髻都現起大白傘蓋佛母。

由是現觀眾生是佛陀，我們自己是顆摩尼寶珠，而每個人亦是摩尼寶珠，一個小區域團體也是摩尼寶珠，整個法界都是摩尼寶珠，珠珠相映相攝，整個世界就如此圓滿成就，十方三世同時炳現，現起蓮華藏世界海。我們要如上發心。

▼圓頓　圓滿、頓超之義。「圓」是指一切遍圓的圓滿教授，「頓」是指剎那頓超的當下開悟。

三、自生本尊觀

如來悲智力加持　自性法爾清淨力
現前清淨身口意　嗡朗唆哈現無染
火生三昧體性中　遍燒法界遍明空
大空體性無可示　體性密意豁然顯
大智海中鍐字現　大悲現成化白蓮
清淨白蓮無生阿　法界體性化月輪
華月輪上現嗡字　光明遍照法界空
迴光返照佛自智　種字現成白傘蓋
白傘金柄蓋現嗡　遍照法界自明空
返照體性自圓明　自生現成大佛母

三面八臂身具白　左紅右藍中首白
各具三眼薄瞋面　右手第一持幢傘
第二手持金剛杵　第三持箭四鐵鉤
左手正持白傘蓋　第二手持如意輪
第三持弓四羂索　金剛跏趺自安坐
妙身雪山遍照白　髮黑法爾具五髻
身著瓔珞披天衣　空無自性如幻鏡

接著我們觀想自生本尊，我們放鬆身心，專心一致端坐，隨著偈頌一句一句來觀想。

以下解釋此偈頌的意義，了解清楚後，日後修法即可方便依偈頌口訣來觀修。

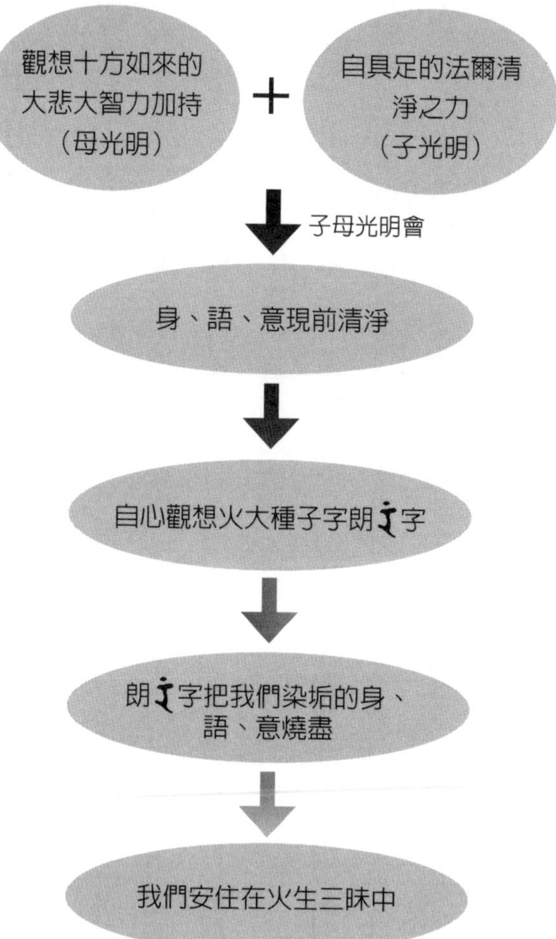
自生本尊觀1——火生三昧
觀想十方如來的大悲大智力加持（母光明）
+
自具足的法爾清淨之力（子光明）
子母光明會
身、語、意現前清淨
自心觀想火大種子字朗字
朗字把我們染垢的身、語、意燒盡
我們安住在火生三昧中

法界現前明空

「如來悲智力加持，自性法爾清淨力，現前清淨身口意」，現在我們觀想十方如來，由於如來的大悲大智力的加持，再加上我們自性所具足的法爾清淨之力，這本來清淨無染的自性，宛若虛空一般。這二力如同母光明與子光明交流，如此我們的身、語、意現前清淨。

「嗡朗唆哈現無染，火生三昧體性中，遍燒法界遍明空」，母光明是如來悲智力的加持，子光明是自性法爾的清淨力，這母子光明相會，然後在我們自心中觀想朗𑖨𑖽字，這朗𑖨𑖽字是火大種子字，朗𑖨𑖽字把我們染垢的身、語、意都燒盡了，我們就安住在火生三昧之中。這火焰不是灼熱難忍，而是清涼的悲智勝火。

▼火生三昧

又稱為火生三摩地或大智火焰三摩地。係指以淨菩提心的智火，燒盡眾生的無明與枝末煩惱，除去種種障難，而能降伏諸火龍的三昧。

觀想朗𑖨字的要訣

觀想一淨明赤色的朗𑖨字，儘可能觀想成立體，若沒辦法，觀想平面的字也可以。剛開始朗𑖨就如同初生的太陽日一般，然後越來越明、越來越亮，到最後像霓虹、像燈焰一般明亮，然後開始燃起清淨的火焰。

我們可以觀想清淨的火焰在心輪中燃起，將我們的四蘊：受、想、行、識的染垢都燃燒殆盡。

為什麼智火是清涼的？由於心垢焚燒殆盡，所以我們會產生清涼的覺受；火焰越大、心越清涼，而心輪的脈結也隨之漸漸鬆開；因此，修習此法，很容易現起中脈。

這時，我們安住於火生三昧的體性之中，火焰開始燃起，我們的身體被火燒盡，都變空了，身體如同薄膜一般，整個身體都變成透明的。這悲智之火繼續燃燒，大火焚盡一切有情五蘊，燒遍法界一切障礙，整個法界現前明空，完全沒有障礙，如此便安住於「空三摩地」當中，這就是「觀空」。

「遍燒法界遍明空，大空體性無可示，體性密意豁然顯」，遍燒法界遍明空，整個法界現前清淨，此時我們的心念、語言與身相及周遭的一切都是空不可得的。在豁然之間，我們的圓明大覺現起，從體性當中現起不可思議的秘密智慧。

觀本尊

「大智海中鑁字現，大悲現成化白蓮，清淨白蓮無生阿，法界體性化月

自生本尊觀2——空三摩地

清涼的悲智勝火將
我們的身體燒盡

身體變空如同薄膜一般，
整個身體變成透明的

大火焚盡一切有情五蘊
燒遍法界一切障礙

整個法界現前明空，
完全沒有障礙

安住於「空三摩地」中

輪」，「大智海中鑁字現」，這不可思議的秘密智慧，從無生的體性中所生起的秘密智慧中，我們觀想整個法界變成了大智乳海，整個法界都是藍色的，從大智乳海中現起了鑁𑖪𑖽字，這鑁𑖪𑖽字是水大種子字，亦代表著毘盧遮那佛的體性。

「大悲現成化白蓮」，在豁然之間大悲心自然生起，這大悲心並不是由自我所擁有，亦不是外界所有，而是法界體性法爾自然持有；由於法界體性不可得，我亦不可得，所以能現前生起大悲心。我們在彈指剎那之中就現起了大悲，當大悲體性現起之時，鑁𑖪𑖽字就化作八葉的清淨白蓮華。

「清淨白蓮無生阿，法界體性化月輪」，鑁𑖪𑖽字所化成的白蓮華是一個蓮華臺，我們可觀想成八葉、十六葉或三十二葉，甚至千葉，不論觀想成幾葉的蓮花，惟求觀想清楚。在這清淨的白蓮華上，頓然現無生的阿𑖀字，而由阿𑖀字再化成清淨無染的月輪，月輪代表法性——法界體性，清淨的月輪就如同水晶一般透明通透而光亮。

「華月輪上現嗡字，光明遍照法界空，迴光返照佛自智，種子現成白傘蓋」，現在整個法界就是蓮華和月輪，在這蓮華月輪上忽然現起嗡ཨོཾ字，嗡ཨོཾ字放光，光明遍照至整個法界、無邊無際的法界。法界本來沒有方所，現在隨因緣現起如此方便。

嗡ཨོཾ字放光遍照法界最根本處、無限處，在豁然之間整個光明迴光返照，這光明是照至很遠的地方再迴旋。到底多遠呢？法界光明照到法界邊緣自然會迴照，但是法界是沒有邊際的，所以在此我們要由意解來體會。

以佛陀的例子而言，在經典中常見到佛陀光明遍照十方法界，然後這光明迴轉回來進入自己的口中，所以我們可以發現，佛陀光明遍照十方法界，最後加持還是會回到佛陀自身！而「迴光返照佛自智」，也是同樣的道理，同樣的光明遍照。

所以，大家只要勤加修行，朝朝日日精進，法性的遍照光明總會迴遶回來，迴光返照佛陀自身的智慧。那什麼是佛陀自身的智慧呢？即是我們體性的智慧，也就是佛自智。

遍照法界的光明迴照嗡字，而此嗡字代表著佛陀，即是我們自性的清淨智慧。現在光明迴照著嗡字，接著嗡字就化成了一支白傘蓋，此白傘蓋有著金色的傘柄。

「白傘金柄蓋現嗡，遍照法界自明空，返照體性自圓明，自生現成大佛母」，白傘金柄蓋現嗡字，在此一般常見有兩種不同的傳法：一種是金柄上現嗡字，一種是傘蓋上現嗡字，而我們在此所傳的是後者。

這時白傘蓋現起嗡字後，遍照法界，無邊無際當中又迴光返照，整個法界都是光亮、明透、遍照，在剎那間整個體性圓明，於是我們自生現成大白傘蓋佛母。接著我們來觀察佛母的身相。

大白傘蓋佛母的身相

「三面八臂身具白，左紅右藍中首白，各具三眼薄瞋面，右手第一持幢

大白傘蓋佛母的身相

中面白色
各具三目
右面藍色
左面紅色
右第一手持幢傘
左第一手持白傘蓋
右第二手持金剛杵
左第二手持如意輪
右第三手持箭
左第三手持弓
右第四手持鐵鉤
左第四手持羂索

傘，第二手持金剛杵，第三持箭四鐵鉤，右手正持白傘蓋，第二手持如意輪，第三持弓四羂索，金剛跏趺自安坐。」

大白傘蓋佛母的身相有三個頭八隻手臂，身體是白色的，左邊的臉是紅色，右邊的臉是藍色，中間的臉是白色，都各具有三個眼睛，由於悲忿眾生未成佛，所以現起薄瞋的面貌。

右邊第一手拿著幢傘，幢傘又稱為「幡」；第二手是拿著金剛杵；再來第三手拿箭；第四手是拿著鐵鉤，「鉤」是鉤召我們的心，利用鉤攝的力量，這是屬於鉤召懷法。

再來左第一手正持白傘蓋，那大白傘蓋所指的即是這一支傘蓋；再來第二手持著如意輪；第三手是持著弓，第四手拿著羂索，有時稱為金剛索，就如同不動明王手上拿的羂索。佛母結金剛跏趺而自安坐。以上要觀想清楚。

「妙身雪山遍照日」，現在我們亦結金剛跏趺安坐，觀想清楚自己的身體與大白傘佛母的妙身沒有差異，此妙身如雪山一般遍照，映射出淨白的光明。

「髮黑法爾具五髻，身著瓔珞披天衣，空無自性如幻鏡」，而佛母的頭髮烏黑具有五髻，身上的瓔珞嚴飾，披著天衣，此身空而無自性，宛若幻鏡一般。這是大白傘蓋佛母的自生本尊觀，接著我們要供養自生的本尊。

自生本尊觀

1.我們在自心中觀想朗字，朗字燒盡身、口、意，而我們安住於火生三昧之中。

2.火焰燃燒，我們的身體變成透明。

3.悲智之火遍燒法界，完全沒有障礙，如此便安住於空三摩地。

4.從無生體性中生起秘密智慧中，我們觀想變成藍色的大智乳海，從其中現起了鑁字。

5.在彈指中現起了大悲，鑁字就化成了清淨的白蓮華。

6.在白蓮華上頓然現起無生阿字。

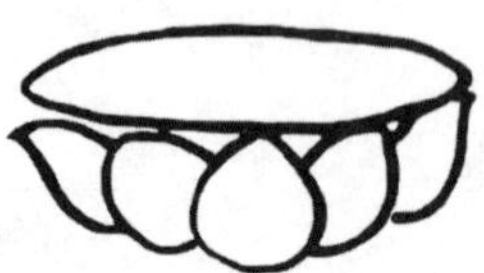

7.再由阿字化成清淨無染的月輪。

8.蓮華月輪上忽然現起嗡字，嗡字放光遍照法界。

9.光明迴照著嗡字，嗡字就化成一支白傘蓋。

10.白傘蓋又現起嗡字，光明遍照法界。

11.剎那間整個體性圓明，我們就自成大白傘蓋佛母。

四、供養自生本尊

外層供養

現在我們念誦以下的偈頌，並觀想將外在世間所有最美好的一切事物，供養給大白傘蓋佛母。

外供身器界　外顯諸法界

無我全獻供　無著娑婆訶

然後雙手合掌置於頂上，念供養咒：「嗡嗡嗡……」（二十一遍），觀想把一切身器界供養給大白傘蓋佛母，而佛母也很歡喜接受我們的供養。

內層供養

內供無住心　意識秘密語
無為全獻供　寂滅娑婆訶

當我們的意念完全寂滅，心無所著，才是圓滿的獻供。

密層供養

密供勝甘露　體現白傘母
大悲空智乳　全供娑婆訶

在密層供養中，我們的身體就自然地現起大白傘蓋佛母，從體性之中，我們確信自身是大白傘蓋佛母，這是最好的供養，受用於大悲空智之乳。

法性供養

圓頓法界體　誰爾不成佛
如智相隨護　全佛娑婆訶

這法性供養是最究竟的供養，我們的心安住在明空體性之中，而此時法界體性頓然現起，體悟法界一相，眾生、佛陀沒有任何差別，因此能現觀法界大眾誰非佛耶！所以不管是誰，凡是法界的一切眾生都是佛陀，法界的一切都是佛。這即是最圓滿，最究竟的供養。

以上是四層供養，供養自生本尊。

大白傘蓋佛母誓護著我們的自身，而法爾的大白傘蓋佛母即是我們的智慧，他如智慧般地相隨擁護著我們。接著我們觀想法爾本尊。

外層供養

1. 於頂上雙手合掌，念供養咒，觀想法界一切供養給佛母。

2. 放掌時由頭的兩側放下，收回心輪。

五、迎請法爾本尊大白傘蓋佛母

為何在修完自生本尊觀之後，接著要迎請法爾本尊呢？這是為了得到甚深的加持，來鞏固我們的自生本尊，因此在觀修法爾本尊時，我們要牢牢記住自身即是大白傘蓋佛母，從體性到身、語、意都是。當我們自生本尊的觀想十分的堅固時，我們的身會如薄膜一樣的透明，如同氣泡一般都是空的，指甲都是透明的，要觀想很清楚！如此觀想相續不斷，無為性空宛如幻鏡。

生起次第的覺受

在這樣的觀想中，我們必須清楚地觀照自己身體宛如虛空一般，所以我們會察覺到身體變輕了，不只變輕了，好像不存在了！變虛了！身體好像飄浮起來，整個內在有不實質的感覺，而這種感覺卻很清楚，如此則可稱為覺受，有生起次第的覺受。

感覺自己的身體變輕、變得越來越不實在，但是觀照力卻愈來愈清楚，甚至我們看到自身或外在的境界，會愈來愈清晰、愈來愈明亮，好像是晶瑩的明點所積聚而成；但是愈明亮愈明顯的時候，我們自身的感覺反而愈空、愈不實質。

就像一個粗重的物質，當它的能量愈來愈提高之時，它便會開始融化，開始變得透明，它將所吸收的能量轉化成透明的質素。它一直伸展，從堅固的地大，能量增強而轉變成水大，再由水大能量增強變成火大，然後始像風一樣飄浮不定，接著就化成「空」，那麼地明顯但是卻那麼地無實。

此時我們的意識增強，意識的能量增強而變成智慧，變成光明，無實的光明。我們過去、現在、未來的念頭都已經消失，光明是自生自顯，於是便安住於此自生自顯的光明之中。

現在我們可以稍微動一動，看看自己的身體，是否有很輕、無實、像風一樣的感覺，當心念一動身體就跟著動了，整個身體很輕、很鬆、幾乎不存在，連柔的感覺都沒有了，就像空、像光明一樣。

由於上述的說明，讀者對於本尊觀的練習應該有更深一層的體會，用這樣的方法，我們再複習一下自生本尊觀。

在自生本尊觀中，佛母是三面八臂，有三個頭，中間是白色，左面是紅色，右面是藍色的，各具三個眼睛；右第一手拿著幢傘，第二手持金剛杵，第三手持箭，第四持鐵鉤。左第一手持白傘蓋，第二手持如意輪，第三持弓、四羂索，金剛跏趺安坐，整個身體如雪山般遍然照白，頭上是五髻圓滿，身上瓔絡嚴飾披著天衣，空無自性宛如幻鏡一般，這是自生本尊觀，接著我們迎請法爾的大白傘蓋佛母。

觀想法爾本尊

現在我們開始觀想法爾本尊，「自觀頂上白嗡字，喉間紅阿胸藍吽」，自觀頭頂上出現白色嗡字，喉間是紅色阿字，胸間是藍色的吽字。接著藍色的吽字放光遍照無邊無盡的法界，迎請法爾的大白傘蓋佛母。

法爾的大白傘蓋佛母在我們眼前的虛空如實莊嚴地現起，他的身相明顯堅固卻如虹光一般無實，他的每一根毛髮都如水晶一樣通透明亮，而且非常地柔軟。我們要觀想清楚明白，觀想清楚不是用眼睛去看，而是用我們的心眼去看，心要如明鏡一般才能照見。

深層的加持

「如實莊嚴示究竟，如實住頂首楞嚴」，我們迎請大白傘蓋佛母安住在

法爾本尊觀

1.自觀頂白嗡字，喉間紅阿字，胸藍色的吽字。

2.藍色吽字放光迎請法爾的大白傘蓋佛母。

3.佛母的身相明顯堅固如虹光一般，而非常地柔軟。

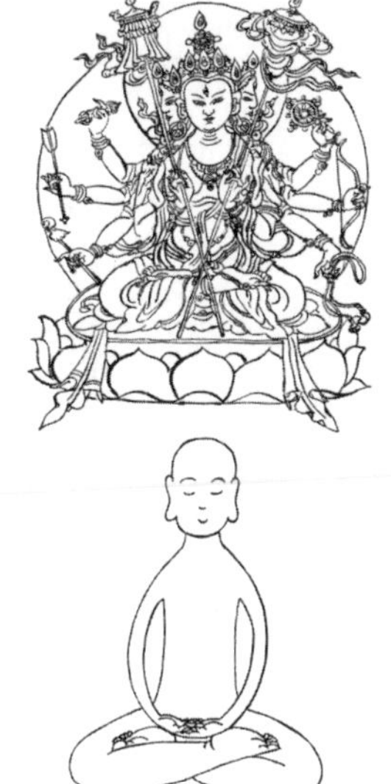

4.佛母安住於頂上，不斷加持著我們。

我們的頂上，佛母安坐在我們的頂上，由於佛母的力量很強大，所以我們會感覺這整個光明無礙的力量罩住我們，而大悲空智之乳會不斷地流注於我們的身心，加持我們這個自生的本尊，他的加持力量會很明顯地讓我們感覺得到；但是卻有另一種感覺是：他愈加持我們，我們愈感覺不實質，這是種很深層的加持。接著我們就要來供養這法爾本尊。

六、供養法爾本尊

普供（廣大不空摩尼供）

唵　阿慕迦　布惹　摩尼跛納摩　縛日隸

Oṃ amogha-pūja maṇi-padma vajre

怛他蘖多　尾路枳帝　三滿多　鉢羅薩羅　吽

tathāgata-vilokite samanta-prasara hūṃ

皈命不空供養寶珠蓮　廣大金剛如來觀普界

無量無邊微塵廣大數　供養雲海法爾自流出

法界道場普遍諸海會　一切聖眾無盡皆供養

特別大白傘蓋聖佛母　法爾成佛無盡遍法界
濟度眾生永無間斷時　無量威力自在賜行者
二利行願圓滿大成就　眾生全佛究竟大供養
當我們現觀眾生全佛時，這就是最究竟的大供養。

四層供養

外層供養

外供身器界　外顯諸法界
無我全獻供　無著娑婆訶
嗡嗡嗡嗡嗡……（廿一稱）

內層供養

內供無住心　意識秘密語
無為全獻供　寂滅娑婆訶

密層供養

密供勝甘露　體現白傘母
大悲空智乳　全供娑婆訶

法性供養

圓頓法界體　誰爾不成佛
如智相隨護　全佛娑婆訶

我們供養法爾的大白傘蓋佛母，而安住於我們頂上的佛母也產生無邊的歡喜與受用。再來我們觀想三昧耶身與法爾的大白傘蓋母相互融攝，入我我入。

七、入我我入

般若法身三昧耶　入我我入一合相
惹吽鑁霍圓相攝　無二本然大佛母

（jaḥ hūṃ vaṃ hoḥ）

「般若法身三昧耶」，般若法身是指我們頂上的大白傘蓋佛母，三昧耶是指我們自身。我們現觀法爾的大白傘蓋佛母入於我們三昧耶身，由頂輪隨著中脈進入，他打通了我們的中脈的糾結與障礙，而且發出無邊無際的光明，這光明上照無邊的世界，也下照無際的世界，我們的中脈是空的，法爾的大白傘蓋佛母從頂佛進入中脈。

現在大白傘蓋佛母融入我們的身體，我們的身體感覺更加的無實與輕柔，而光明更加明顯。佛母融入我們的喉輪，我們的一切語言、音聲都變成了大白傘蓋佛母的咒音。佛母融入了我們的心輪，我們心間的明點與法爾智慧明點完全相合。

接著觀想我們融入法爾本然的大白傘蓋佛母，法爾的大白傘蓋佛母發出無限的光明，這無限的光明在他的心輪當中，變成上下無邊的光柱，藉由這道光柱我們融入了法爾的大白傘蓋佛母，與他的身、語、意，我們進入大白傘蓋佛母的身、語、意，這才是「入我我入」；所以我們即是大白傘蓋佛母，大白傘蓋佛母所行的身、語、意即是我們的身、語、意；這兩者完全相合，所以是「入我我入一合相」。此時我們自己的身、語、意，應該會現起無邊廣大的受用，身心會具足大威大力。

「惹吽鑁霍圓相攝，無二本然大佛母」，再來念四攝咒「惹吽鑁霍」，我們與大白傘蓋佛母相攝相應，以四攝咒來相連在一起，剎那間，我們現成無二本然的金剛大佛母。

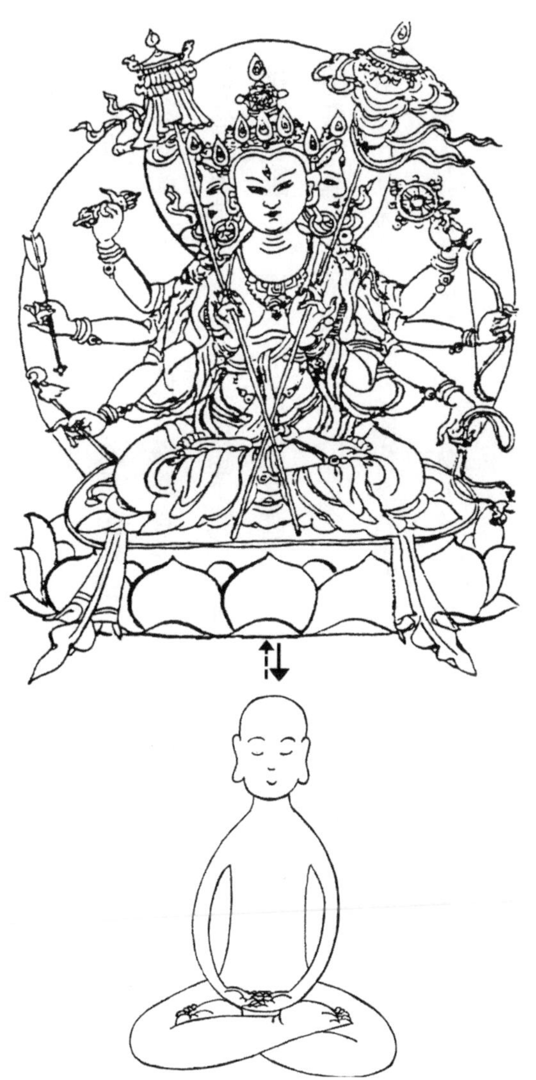

法爾的大白傘蓋佛母與三昧耶身，入我我入互相攝

八、五方佛灌頂

現觀五佛大灌頂　　圓成法爾金剛母
大白傘蓋遍光明　　佛首楞嚴自安住

接著五方佛灌頂，五方佛給予我們五種智水的灌頂加持。

我們現觀五方佛：中央的毘盧遮那佛、東方的不動佛、南方的寶生佛，西方阿彌陀佛，北方不空成就如來，這五方佛代表地、水、火、風、空五大，現在五方佛給予我們五種智水的灌頂加持，來鞏固我們的如來五智，我們已圓滿成就法爾的金剛母，大白傘蓋的光明遍照，佛頂首楞嚴三昧的境界自安住。

九、讚誦

本智全佛體性常寂光　俱明法界遍空自法爾
無生遊戲無滅示如來　大悲頂智自住首楞嚴
秘密微笑一心金剛住　法爾遍照現前無敵母
金剛佛母法界大明母　大密主母無礙法身母
一切如來頂髻自在母　大力空悲吉祥忿怒母
金剛伏魔猛暴威德母　熾盛威光智燄明佛母
智燄寶鬘白衣鞸僁母　救度密眼金光明佛母
如意摩尼寶鬘莊嚴母　大白傘蓋大力大佛母

以此段偈頌來讚歎這大白傘蓋佛母，以下解釋偈頌之意涵。

大白傘蓋佛母是本然法爾的無上妙智，法爾全佛體性的常寂光明，是法界俱明遍空自法爾究竟的境界，從無生的遊戲當中，無滅的示現如來，以大悲頂智自住於首楞嚴之中。

以究竟秘密的微笑當中，一心安住於大金剛三昧，從法爾遍照當中，現前為無敵的金剛大佛母，大白傘蓋是金剛佛母，法界的大明母，是大密主母，無礙法身之母，是一切如來頂髻自在母，大力空悲吉祥忿怒母，是金剛伏魔猛暴威德之母，是熾盛威光智燄明佛母，是智燄鬘白衣顰蹙之母；這顰蹙正代表她的薄嗔，法界如子的眾生，為何不體悟自身是佛。大白傘蓋佛母是救度密眼金光明佛母，是如意摩尼寶鬘莊嚴母，是大白傘蓋大力大佛母，是濟度一切眾生成佛之母。

唵無有能敵大緊母　大掇朴母大力母
大熾然母大威母　大白蓋母大力母
熾然掛纓白衣母　聖救度母大嗔皺
聖世金剛稱念珠　蓮華昭明金剛名

無有能敵具念珠
柔善佛等供養母
聖救度母大力母
金剛少童持種母
大赤色及寶珠母
種相窈窕金剛母
金剛燭及白色母
手印聚處稱讚禮
釋迦頂髻中出母
千臂千手大具母
不二熾燃具種相
主宰三界中圍母
最極於我乞覆護

金剛牆等摧壞母
柔相威力具大母
不歿金剛鐵錠母
金剛手種金念珠
種明金剛稱頂髻
如金色光具眼母
蓮華目及月光母
出有壞母白蓋母
金剛頂髻迴遮母
大俱胝之具眼母
金剛廣博大白母
最極於我求擁護

唵國王賊怖水火毒　器械飢饉邪魔疾
霹靂非時并並壽　地震國王刑罰等
閃電飛空諸怖散　惡獸虎等大難中
一切時中乞覆護　其天魔等諸魔礙
能奪威力並餓鬼　風膽痰等大病中
一切時中乞覆護　貪癡嗔等諸煩惱
十不善業五無間　所遮自性罪業等
惡趣苦果怖畏中　愚資我今求覆護
以大慈悲之鐵鉤　猶如愛子乞護持
一切時中擁護我

從唵字五十二句的讚誦是出自於《大白傘蓋總持陀羅尼經》，在此大白傘蓋佛母守護我們，使一切的災障毒害、各種疾病、五毒煩惱不善的眾事，及自性無智的罪業，都能在他的大慈悲鐵鉤中，得到救度。更祈願佛母，在一切時中，猶如愛子一般的擁護我們。

大白傘蓋佛母也稱為大迴遮佛母，因為他是光明遍照的首楞嚴光，所以他是宛如大圓鏡一樣；一切力量打到他，無論是一切光明進來或是惡力進來，他都如鏡子一般地迴照回去，所以大白傘蓋佛母亦稱為迴遮佛母因此有一個法門叫做「光明守寂魔自撲倒」，當惡魔要打擊我們時，他便受到光明的迴遮而自己撲倒。所以同樣地光明守寂是安住在首楞嚴大白傘蓋光明當中，當魔要侵擾我們之時，他自己便傾倒了！這二者是相同的意思。

十、密咒與手印

體性堅甲咒

吽 啞 吽 麻麻 吽 聶 唆哈

我們安住大白傘蓋的體性當中，誦持密咒一百零八遍。

大白傘蓋咒輪

手印

接著介紹大白傘蓋佛母的手印，在此介紹兩個手印，一是白傘蓋佛頂印，一是大白傘蓋佛母印，如圖所示。

白傘蓋佛頂印

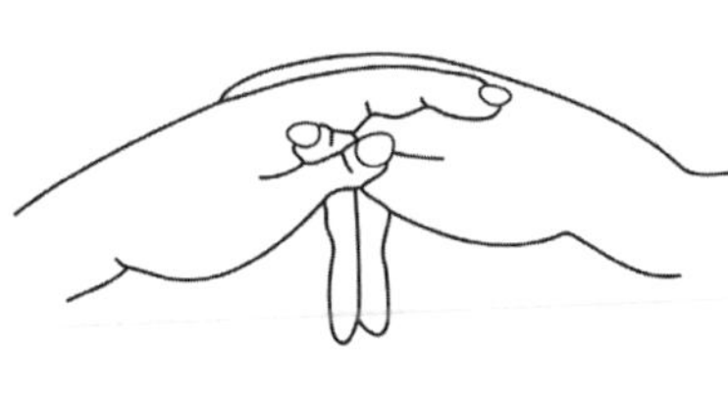

大白傘蓋佛母印

「大悲自湧出，無敵金剛母」，大白傘蓋佛母如同我們的頭首，但是如果我們沒有具足智慧與悲心，他是沒有通路可以示現，因為智慧與悲心是他的出沒之處，所以「大悲自湧出，無敵金剛母」。

「自在自瑜伽，頓然大圓滿，聽聞即具足，如頂自安然」，我們以大白蓋佛母法爾佛智的光明，自在自相應自成瑜伽，豁然頓住大圓滿中。此法自性具足，聽聞即得成就圓滿，如我們自身的頭頂一般自在安然。

十一、懺悔

在修法之末，對於修法中有任何過失與不圓滿之處，在此皆生懺悔。

大悲體性懺　寂靜住本然
現前眾成佛　究竟第一懺
如實實相觀　罪業如霜露
自銷自清涼　忽憶生全佛
吉祥金剛定　嗡班雜薩埵
阿體本無生　長阿住明空

我們安住於明空的體性當中，長阿一聲中，一切罪障全部自然銷融。

誦百字明

再來是念誦〈百字明〉懺悔。誦〈百字明〉是彌補懺悔我們在修法過程中的任何缺失，修學者可選擇梵文或藏文發音，若不熟悉梵文、藏文的發音，亦可直誦中文的意譯。

梵文百字明

唵　跋折囉　薩埵三摩耶　麼奴波邏耶

oṁ vajra sattva-samaya mānu pālaya

跋折囉薩埵哆吠奴烏播底瑟吒　涅哩荼烏銘婆縛

vajra-sattva tvenopatiṣṭha dṛḍho me bhava

素覩沙榆銘婆縛

sutoṣyo me bhava

阿努囉訖覩銘婆縛　素補使揄銘婆縛

aunrakto me bhava supoṣya me bhava

薩婆悉地　含銘般囉野綽　薩婆羯磨素遮銘

sarva-siddhim me prayaccha sarva-karmasu ca me

質多失唎耶　句嚕　吽　呵呵呵呵　護

citta śriyaḥ kuru hūṃ ha ha ha ha hoḥ

薄伽梵　薩婆　怛他揭多　跋折囉麼迷悶遮

bhagavaṃ sarva-tathāgata vajra mā me muñca

跋折哩婆縛　摩訶三摩耶薩埵　阿

vajribhava mahā-samaya-sattva āḥ

以上為梵文發音。

藏文百字明

嗡班雜爾薩埵　薩馬亞　馬努巴拉亞
（最崇高之讚歎語）　金剛薩埵戒誓、戒定誓的三昧耶誓句
班雜爾薩埵得努巴　地踏地都美巴哇
金剛薩埵請賜與護佑　永遠與我在一起
蘇朵卡約媚巴哇　蘇波卡約媚巴哇
讓我一切願滿　心中多生起善念
阿奴若埵媚巴哇
請慈悲加持我
薩爾哇　悉地　美炸亞擦
賜予所有（世間及出世間）的成就
薩爾哇嘎爾瑪　蘇雜美

以及完成一切事業

只但　歇銳亞　古魯　吽

讓我的心生善念

哈　哈　哈　哈

（代表四無量心、四灌、四樂、四身）

賀

（「賀」是快樂時所發出之聲——以上之四樂）

班嘎文　薩爾哇答踏嘎答

婆伽梵　一切如來

班雜馬妹悶雜

金剛薩埵阿　請不要遺棄我

班基利　巴哇

請加持我成為金剛持有者

瑪哈　薩瑪亞　　薩多

大三昧耶之有情

阿

（代表融於非對待之空性境界）

以上為藏文發音。

十二、迴向

最後，我們將修法的功德，悉皆迴向。

一切如來智頂髻　大悲秘密自流出
能仁堅固首楞嚴　大悲薄瞋法身行
究竟智體自總持　緣起善妙勝修證
現成功德普迴向　一切如來住眾頂
現成佛頂首楞嚴　大白傘蓋聖佛母
常住頂嚴法爾中　眾生全佛自成就
大力無礙大威光　大力伏魔去災障
法爾福德自增德　無災無障全佛長
國家康樂永堅固　一切願滿勝吉祥

身心安樂菩提增　遍照法界無量光
傳承相續無盡燈　佛樂無盡勝吉祥
迴向一切法界眾生圓滿成佛！
吉祥圓滿！

體性大白傘蓋佛母最密心要

接著特別傳授大白傘蓋佛母最密心要，這是最珍貴的密要，因為是由佛母所示現，由本心示現所體悟，是來自最密心要的傳承。

體性首楞嚴　最密勝頂髻
法爾常安住　白傘蓋佛母
自法住法位　自不離於頂
如實密指示　現成即受用

大悲自湧出　無敵金剛母
自在自瑜伽　頓然大圓滿
聽聞即具足　如頂自安然

體性安住於首楞嚴

以下解釋這最密心要口訣的意涵，方便大眾修持。

「體性首楞嚴，最密勝頂髻，法爾常安住，白傘蓋佛母」，我們的體性與一切如來的體性無二無別，因此我們的體性即自然安住於首楞嚴三昧之中，是自住於一切勇健三昧，珍貴殊勝如諸佛頂髻。所以最密殊勝的頂髻即是大白傘蓋佛母，佛母法爾安住於我們的頂髻當中。

「自法住法位，自不離於頂，如實密指示，現成即受用」，大白傘蓋佛母本來即是法住法位，本來一切如來頂髻出生大白傘蓋佛母，所以他安住於我們的頂髻，從來未曾遠離。現在只是如實的指示，能如實了悟，現前即可受用，大白傘蓋佛母就在我們的頂髻之中。

附錄

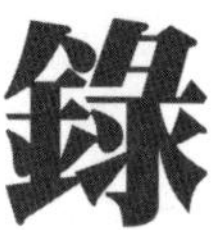

附錄一

白傘蓋大佛頂王最勝無比大威德金剛無礙大道場陀羅尼念誦法要

歸命遍法界，塵刹諸如來，
化相奇特尊，最勝佛頂族。
敬禮大悲者，持蓮菩薩眾，
淨除業障垢，廣利諸有情。
歸依秘密主，金剛手藏王，
從佛受堅牢，護持於一切。
明尊大仙眾，聲聞緣覺支，
天龍蘇藥叉，日夜常恭敬。
是大白傘蓋，遍覆於大千，

神變難思議，虛空無障礙。
諸佛咸稱讚，名大佛頂王，
因此證菩提，能轉無上法。
眾聖同遊學，我亦隨順修，
略攝祕要儀，咸願垂加護。
初吽入道場，觀瞻一切佛，
先以淨三業，悟本性無垢。
身器悉清淨，體同諸如來，
遍滿於虛空，運心普敬禮。
懺悔無邊罪，同歸法性空，
勸請諸如來，常住世不滅。
隨喜人天福，廣利益群生，
迴向以一心，俱登薩婆若。

發願此世與當來，　常得廣行菩薩道。

淨器界真言曰：

曩莫薩縛沒馱冒引**地薩怛縛**二合**唵秫**入**殿努戍**引**馱曩野娑縛**二合**賀**

此大清淨明，通用如來部。先以作澡灑，即結念誦室，由誦七遍已，身口意三業，乃至遍法界，一切悉清淨。

次當普禮一切如來，真言曰：

唵薩縛怛他去引**蘖多播**引**娜滿曩**引**南迦盧弭**

由三誦真言，運心同法界，遍滿微塵剎，禮事悉圓滿。

次懺無始罪障真言曰：

唵薩縛播波娜賀曩嚩日羅二合**野娑縛**二合**賀**

由三誦真言，懺悔一切咎，無間罪如草，焚滅盡無餘。

爾時釋迦牟尼佛告一切菩薩大眾，善男子！汝等應授一切如來出生三摩地、無比力超勝一切如來住真言、身一切如來族真實大印真言。無比威光神通，緣出無邊奇特大威神，能生一切菩薩，能摧一切俱胝魔眾，攝伏一切難調之人。起於慈心，悉能成辨一切事業利益成就，今說大印。

次對本尊結跏趺坐，塗香、塗手，結諸佛菩薩金剛部三昧耶印。以手內叉拳，禪智並申豎。隨句誦真言，以印安於頂，此一切如來心大印。

次屈智入掌中，是持蓮密印。隨句誦真言，移安頂右。

次屈禪入掌，卻申豎智度，一切金剛族所持之密印。隨誦真言句，移印安頂左，一切同一明，三部悉具足。真言曰：

曩莫薩縛沒馱冐引**地薩怛縛**二合**南阿**去**尾羅吽**引**欠**平

由結一切如來等大印，以大勤勇心真言，一切如來真實法加持故，悉能解脫地獄傍生焰摩惡趣，能令一切有情作如來事，攝召一切菩薩聖眾，能召諸天、梵王、帝釋、夜摩、水天、俱尾羅等，十地菩薩大自在者尚能請召何況餘。

次結金剛甲冑護身印。二羽結鉤拳，左橫仰臍下，右鉤擐五處，心、額、肩、喉、頂。隨誦真言曰：

曩莫三去**滿多沒馱南唵部**入引**入縛**二合**攞帝惹吽**

以此甲冑明，修行者應用悉印於遍身，即成大加護。一切佛頂中，是印大威德，諸魔不陵逼，被甲猶如王，能成一切事，速疾得悉地。

次應大輪印，金剛輪。

次結無能勝大印，明王辟除魔障印。應跪右膝豎左膝，左手向後作搭勢，右拳豎進當於心，陵身向前期剋狀。真言曰：

曩莫三去**滿多沒馱南唵戶嚕戶嚕戰拏里摩鐙祇**研以切**娑縛賀**

無能勝大明是佛之所說，能摧一切魔，能辟除諸障者，大力忿自在。世間魔軍王、波旬亦自在，世天大威德、無量俱胝魔，若欲作障難，現作種種狀，魔軍恐怖形。由結印誦明，故自然悉退散，當用作加持，成就佛頂者，於大障礙處，常得大加護。

次結迎請印。二羽內叉拳，忍願豎申合，上節屈如鉤，來去成迎請。

普通奉請一切佛頂王真言曰：結印已，先於印上置香花，擲於壇內，然誦真言：

曩莫引**婆**去**誐縛都鄔瑟抳**二合**澁野翳醯曳呬婆**去**誐鑁**二**達摩羅惹鉢羅**二合**底磋曩摩羅伽**二合四**巘補澁波**二合**度末隣**上**左**輅**者擗**七**羅乞灑**引二合**鉢羅**二合**底賀多**十**麼羅跛羅**二合**訖羅**二合**麼也娑縛**二合**賀**引

結印三誦明，警覺一切佛，迎請諸如來，悉皆而降赴。

次結光聚印。檀惠並申豎，戒方屈跓頭上節，忍願倒相合，禪智中並直，進力屈相跓，以押禪智頭，旋轉成結界。真言誦七遍：

曩莫三去**滿多沒馱南阿鉢羅**二合**底賀哆捨娑曩南唵**引**怛他**引**蘗姤**引**瑟膩沙阿曩縛路枳多暮喋**二合**馱曩帝儒**引**羅施吽入縛**二合**攞入縛**二合**攞馱迦馱迦尾馱迦尾馱迦捺羅**二合**捺羅尾馱羅**二合**尾馱羅嚫**去**娜嚫娜頻娜頻娜吽吽泮吒泮吒娑縛**二合**賀**

若用護身即三股金剛杵印是，若請召本尊即以杵印，股二頭指為鉤，來去鉤之即是。此大佛頂王號曰光明聚，猛焰熾流布，如劫火洞然，威力難思議，能摧壞一切天魔外道眾、魔醯濕縛羅、大力那羅延并諸餘天類，所有種神通力喪滅盡無餘。持明大菩薩、馬頭明王等，聞誦此真言，威光如聚點，於大佛頂部滅除諸難。十二由旬內，成大結界地。

次結辦事印。二羽內叉拳，忍願申屈合，能成辦一切，左旋三匝成，辟除真言曰：

曩莫三滿多沒馱南唵嚕吽三合**滿馱滿馱吽泮唵娑縛**二合**賀**

此辦事真言一切佛頂心，由纔憶念故，水陸諸障者，所有欲損害，悉皆禁其口。結印當於心，加持於五處。

次結蓮華印。如敷八葉蓮，諸佛如來座，至心而奉獻，真言誦七遍：

曩莫薩縛沒馱冒引**地薩怛縛**引二合**南唵吽迦摩攞野娑縛**二合**賀**

由此奉獻故，諸佛受其座，當來剋獲得，勝妙金剛座。

次結奉閼伽，廣大真實供，汎以香白花，誠心而奉獻。即以金剛拳，忍願豎頭合，進力屈背後，禪智捻進根。真言曰：

曩莫引娑去誐縛覩瑟抳二合灑野一翳軨巘談三補澁波補其反四度嗪五末覽六儞半者七鉢羅二合底末瑳八賀羅賀羅九薩縛沒馱十地瑟恥二合帝十一達磨羅引惹十二鉢囉二合底丁以反賀哆野十三娑縛二合賀引

由誦此真言，奉獻如來故，遍於微塵剎，成就眾妙供。

次結佛眼印。一切佛頂中，應用此大印，清淨而受持，最勝滅諸罪。於諸佛頂王，常結於此契，決定得悉地，不久必成就。一切佛頂法，設積百劫福，若得此印明，其福與彼等。此佛眼真言，能成一切業，從十俱胝佛、如來所受持。由纔憶念明，一切聖天現，一切真言教法皆得成就。暴惡瞋怒前，應誦得歡喜，難調惡鬼神，降伏皆隨順，鬪戰諍訟處，一切得寢淨。先後誦七遍，速疾成證驗。

次結金輪佛頂一字王印。二羽內叉拳，忍願並申合，屈上第三節，開屈進力頭，平等禪智申。七遍真言曰：

曩莫三曼多沒馱南唵嘟嚕唵二合

恒河沙數量，如來之所說，現在佛今說，未來佛當說，此印名大印，說為頂輪王，此印即是佛。利益諸有情，由明大威德，制伏諸賢聖，於五由旬內，令他尊不降。十地諸菩薩，迷悶失本心。何況餘少類而能現神力，智者成就人。若此結印處，諸惡魔障地，是處不敢住，於百俱胝劫，設於千恒沙，如是沙數量，亦不能說盡功德及福利、稱揚威德力。智者若受持，常不被沮壞；如來大師說，而不能讚歎。於修佛頂者，速疾得成就。

次結普通一切佛頂成就印。二羽內叉拳，忍願申而豎，以屈相上節，普通一切用，真言誦七遍，印於頂上散。

曩莫三去**滿多沒馱南唵拏嚕唵**二合**滿馱娑縛**引二合**賀**引

由此印，如觀覩請佛，難調諸藥叉、龍及蘇羅眾、一切惡羅剎并及諸魔羅，由此明威德，驚怖悉消融。若得此印契，能獲諸安樂，國王世間等，於彼常利益，欲求法利者，決定而獲得。普通真言王，成就果報故。

次結一切佛通覆大千身不見其邊際白傘蓋佛頂王大印，或結百億諸佛同心印，誦大真言七遍。

次結白傘蓋根本之大印。二手虛心合，戒方屈入掌，以其禪智面，並押戒方甲，進力屈令圓，是佛傘蓋印。真言誦七遍，則於頂上散，真言曰：

曩莫三去**滿多母馱南阿鉢羅**二合**底賀哆捨娑曩**引**南唵怛他**引**蘖覩瑟抳**二合**沙阿曩縛路吉多母嚟馱**二合**斫訖羅**二合**縛羅**二合**底唵摩摩吽**引**暱**儞義反引

此大佛頂王殊勝無與等，是佛大悲力，師子吼流出。一切佛加持，大悲照憂暗，甚深知無垢，令作諸吉祥。菩薩及諸天而不能沮壞，獲得不退轉。一切悉安樂，眾毒不能傷，天龍不敢近，書寫及誦持，速疾證悉地。

次持念珠，加持七遍，捧之頂戴。然為念誦百八或千八，收珠置本處。

復結本尊印，住於三摩地，讚歎佛功德，供養如前獻。

復結三昧耶，護身禮佛而退，捻珠印。以左右二手，以禪智各捻戒方甲，伸忍願申進力，屈於忍願後，捻珠而念誦。若欲住佛儀，而作勇健坐。

端身結跏趺，結佛訖底印。左仰掌跏上，右外豎掌，以禪而押戒甲，以進屈忍背後，真言誦七遍，然入三摩地。真言曰：

曩莫三滿多沒馱南尾惹曳摩賀鑠訖底二合**訥馱哩吽泮吒尾惹以儞吽泮吒莽誐梨吽泮吒娑縛**二合**賀**

若結此印者，不奪其威力，今世及他世，獲得如來力。若誦此真言，諸佛皆加護，修持佛頂王，三時常憶念，速疾得成就，三界中無礙，是大佛頂王，密印法無量。今為修行者，略集少祕要。若樂大法者，從師求灌頂，得受三昧耶，應當廣諮學，大白傘蓋大佛頂念誦法。

此法祕密，未入灌頂人不得輒聞，其修行者取成就。若擬自求悉地兼為本尊者，輒亦不得傳授與人密印，大三昧耶嚴密。真言曰：

唵商上**羯哩摩賀**引**三昧鹽滿馱滿馱娑縛**二合**賀**

加持念珠真言曰：

曩莫婆去**誐縛帝素弟娑馱野悉馱羅梯**去二合**娑縛**二合**賀**

淨念珠真言，合掌捧珠：

唵阿娜步二合帝尾惹曳悉地悉馱羅梯二合 [siddham]

白傘蓋佛頂瑜伽祕要略念誦一卷

時延享元星舍閼逢困敦暮秋十日讎校之壽梓焉大和長谷輪下 [siddham] 無等誌

（錄自大正藏經第十九冊）

附錄二　佛頂大白傘蓋陀羅尼經

光祿大夫大司徒三藏
法師沙囉巴奉　詔譯

如是我聞，一時婆伽梵在三十三天善法堂中，與諸比丘、諸大菩薩、天主帝釋無量眾俱。爾時婆伽梵敷座而坐，即入普觀烏瑟尾沙三昧，時婆伽梵忽從肉髻，演出祕密微妙法行。

南謨一切諸佛諸大菩薩眾

南謨佛陀耶

南謨達摩耶

南謨僧伽耶

南謨七俱胝佛諸大聲聞眾

南謨世間所有阿羅漢眾

南謨一切預流眾

南謨一切一來眾

南謨一切不還眾

南謨世間諸正行眾

南謨諸向正行眾

南謨以咒詛厭禱亦能饒益諸大天仙眾

南謨成就持明眾

南謨大梵天王眾

南謨天主帝釋眾

南謨嚧陀囉二合耶烏摩般帝娑醯夜耶眾

南謨無愛子五大手印而敬禮眾

南謨摧三界城樂處寒林母鬼恭敬摩訶迦辣眾

南謨婆伽梵如來俱囉耶
南謨蓮華俱囉耶
南謨金剛俱囉耶
南謨寶珠俱囉耶
南謨大象俱囉耶
南謨孺童俱囉耶
南謨龍種俱囉耶
南謨婆伽梵如來應正等覺勇堅部器械王佛
南謨婆伽梵如來應正等覺無量光佛
南謨婆伽梵如來應正等覺不動尊佛
南謨婆伽梵如來應正等覺藥師瑠璃光王佛
南謨婆伽梵如來應正等覺娑羅樹華普遍開敷王佛
南謨婆伽梵如來應正等覺釋迦牟尼佛

南謨婆伽梵如來應正等覺寶幢王佛

南謨婆伽梵如來應正等覺普賢王佛

南謨婆伽梵如來應正等覺毘盧遮那佛

南謨婆伽梵如來應正等覺廣目優鉢羅華香幢王佛

如是敬禮諸佛等已，婆伽婆帝佛頂大白傘蓋無有能敵，般囉二合當雞囉母，能滅一切部多鬼魅，斷諸明咒，解脫繫縛，遠離夭橫、憂惱、惡夢，摧壞八萬四千妖魔及八執曜，復能使令二十八宿生大歡喜，亦能移迴一切冤害所有一切起毒害者，並諸惡夢皆使殄滅，又能救除毒藥、器械、水、火等難。

無敵大勢力，　暴惡大力母，

熾盛威光母，　白蓋大力母，

焰鬘白衣母，　多羅顰蹙相，

稱鬘勝金剛，　蓮相金剛相，

具鬘無能敵。金剛牆摧母，
諸善天恭敬，善相大威光。
救度大力母，金剛鋜諸等，
金剛童持種，持杵種金鬘。
赭色寶珠母，光明金剛鬘。
窈窕母持杵，眼如金光母，
金剛炬白母，蓮華日月光。
諸手印眾，願擁護我！願擁護我！

唵唎瑟羯拏般囉二合舍悉多二合耶一薩唎嚩二合怛他伽跢二烏瑟尼沙悉怛引怛鉢帝唎二合吽靚嚧雍二合三暫鉢拏迦唎吽靚嚧雍二合四悉耽二合嚩拏迦唎吽靚嚧雍二合五摩喝拏伽唎吽靚嚧雍二合六摩訶逼姪耶二合三囉佉拏迦唎吽靚嚧雍二合七鉢囉逼姪耶二合三嚩佉拏迦唎吽靚嚧雍二合八薩唎嚩二合靚瑟怛二合喃九悉耽二合鉢拏迦唎吽靚嚧雍二合十薩唎嚩二合藥叉囉剎薩吃囉二合訶喃毘耽薩拏迦唎吽靚嚧雍二合十一摻靚囉尸底喃

十吃囉二合訶薩訶悉囉二合喃十毘耽薩拏迦唎吽覩嚧雍二合十阿室怛二合頻舍帝喃拏叉怛囉二合喃鉢囉二合薩怛拏迦唎吽覩嚧雍二合十阿室怛二合喃摩訶吃囉二合訶喃毘耽薩拏伽唎吽覩嚧雍二合十囉叉囉叉許

願擁護我！願擁護我！

婆伽婆帝佛頂大白傘蓋金剛頂髻般囉二合當雞囉母千手千臂，有百千俱胝那眼，不二熾燄之相，金剛廣大母，於三界內得大自在。

願擁護我！願擁護我！

唵國王怖、賊寇怖、火怖、水怖，毒藥怖、兵器怖，他兵來侵怖，饑饉怖、冤害怖、疾疫怖、霹靂怖，非時橫死怖、地震動怖、星射怖，獄怖、天怖、龍怖，電怖、飛空怖、惡獸怖。

復有天魅、龍魅、非天魅，風神魅、飛空魅、尋香魅、人非人魅，大腹行魅、施礙魅、羅叉魅、餓鬼魅，空行母魅、食肉魅、部多魅，甕腹魅、臭鬼魅、奇臭鬼魅，塞建陀魅、昏忘魅、顛魅，魔魅、伏魅、唎鉢帝魅，於諸鬼魅願安隱我。

又復食神者、食精氣者，食胎者、食血者、食膏者，食肉者、食脂者、食髓者，食產者、奪命者、食吐者，食不淨者、食小便者、食漏水者，食殘食者、食吐者、食涎者，食涕者、食膿者、食施食者，食鬘者、食香者、食香氣者，奪意者、食華者、食果者，食五穀者、食燒施者，於是等中願安隱我。

如是等眾及諸鬼魅所造明咒，悉皆斷除，釘金剛橛。遍行所造明咒，悉皆斷除釘金剛橛。空行、空行母所造明咒，悉皆斷除頂釘金剛橛，大鉢修鉢帝所造明咒，悉皆斷除釘金剛橛，無愛子所造明咒，悉皆斷除釘金剛橛。飛空正眾所造明咒，悉皆斷除釘金剛橛。摩訶迦辣諸母鬼眾所造明咒，悉皆斷除釘金剛橛。持髑髏者所造明咒，悉皆斷除釘金剛橛。能勝作蜜辦諸事業所造明咒，悉皆斷除釘金剛橛。四姊妹眾所造明咒，悉皆斷除頂釘金剛橛。毘訖利帝慾樂自在集主等眾所造明咒，悉皆斷除釘金剛橛。無衣勸善所造明咒，悉皆斷除釘金剛鐝。阿羅漢所造明咒，悉皆斷除釘金剛鐝。離慾所造明咒，悉皆斷除釘金剛鐝。密迹金剛手所造明咒，悉皆斷除釘金剛鐝。

南謨婆伽婆帝佛頂大白傘蓋母，願擁護我！願擁護我！

唵阿悉怛阿拏辣囉迦二合鉢囉二合波悉普二合吒毘迦悉怛引怛鉢帝唎二合一撈辣撈辣二迦怛迦怛陀囉陀囉三毘陀囉毘陀羅四親陀親陀五頻陀頻陀六吽吽七發吒發吒莎嚩訶八醯醯發吒九呼呼發吒十阿牟羯耶發吒十一阿鉢囉二合帝訶怛引耶發吒十二鉢囉鉢囉二合怛耶發吒十三阿素囉鼻怛囉二合婆拏迦囉耶發吒十四薩唎嚩二合提鞞毘藥二合發吒十六薩唎嚩二合拏伽毘藥二合發吒十七薩唎嚩二合阿素唎毘藥二合發吒十八薩唎嚩二合麻引嚕帝耶毘藥二合發吒十九薩唎嚩二合伽盧帝毘藥二合發吒二十薩唎嚩二合建闥唎二合鼻毘藥二合發吒二十一薩唎嚩二合緊那囉毘藥二合發吒二十二薩唎嚩二合麻呼囉訖毘藥二合發吒二十三薩唎嚩二合夜叉毘藥二合發吒二十四薩唎嚩二合囉叉娑毘藥二合發吒二十五薩唎嚩二合毘唎二合帝毘藥二合發吒二十六薩唎嚩二合鞞闍質毘藥二合發吒二十七薩唎嚩二合部帝毘藥二合發吒二十八薩唎嚩二合俱嚧二合斑帝毘藥二合發吒二十九薩唎嚩二合補怛尼

毘藥二合發吒三十薩唎嚩二合迦吒補丹尼毘藥二合發吒三十一薩唎嚩二合悉乾帝毘藥二合

發吒三十二薩唎嚩二合悟麻帝毘藥二合發吒三十三薩唎嚩二合闍夷毘藥二合發吒三十四薩唎嚩二

合阿鉢悉麻二合唎毘藥二合發吒三十五薩唎嚩二合烏悉怛二合囉訖帝毘藥二合發吒三十六薩利嚩

二合都嚧二合藍訖唎二合帝毘藥二合發吒三十七薩唎嚩二合突瑟毘唎二合契帝毘藥二合發吒

三十八薩唎嚩二合撈唎毘藥二合發吒三十九薩唎嚩二合訖唎二合怛耶二合迦囉二合麻尼迦窟嚧

二合帝毘藥二合發吒四十訖囉拏鞞怛怛囉二合毘藥二合發吒四十一質闍鉢囉二合沙迦薩唎

嚩二合突闍唎二合地帝毘藥二合發吒四十二突嚧二合補帝毘藥二合發吒四十三薩唎嚩二合底唎

二合提訖毘藥二合發吒四十四薩唎嚩二合沙囉二合麻尼毘藥二合發吒四十五薩唎嚩二合毘姪耶

二合怛唎毘藥二合發吒四十六撈耶羯囉麻度羯囉耶毘藥二合發吒四十七薩唎嚩二合阿唎達二

合薩怛訖毘藥二合發吒四十八毘姪耶二合撈唎毘藥二合發吒四十九撈部嚧二合必藥二合婆訖

尼夷毘藥二合發吒五十薩唎嚩二合戈麻唎夷毘藥二合發吒五十一鞞姪耶二合囉遮夷毘藥二

合發吒五十二摩訶鉢囉二合當雞囉毘藥二合發吒五十三嚩日囉二合商迦辣鉢囉二合當雞囉囉

撈耶發吒五十四麻訶迦辣耶麻帝唎二合伽拏那麻悉訖唎二合怛夷發吒五十五皆瑟拏二合

鞞夷發吒五十六 勃囉二合訶牟二合尼夷發吒五十七 阿祁尼夷發吒五十五 麻訶羯唎夷發吒五十九 羯辣檀遲夷發吒六十 因帝唎二合夷發吒六十一 嚧帝唎二合夷發吒六十二 戈麻唎夷發吒六十三 婆囉醯夷發吒六十四 撈門帝夷發吒六十五 嚧底唎二合夷發吒六十六 羯辣囉底唎二合夷發吒六十七 耶麻丹帝夷發吒六十八 羯鉢栗夷發吒六十九 阿地穆帝尸摩舍拏婆悉尼夷發吒七十

若有眾生於我起毒害心者、起暴惡心者，食神者、食精氣者、食胎者，食血者、食膏者、食肉者，食脂者、食髓者、食產者，奪命者、食吐者、食不淨者、食小便者、食漏水者，食殘食者、食唾者、食涎者，食涕者、食膿者、食施食者，食鬘者、食香者、食香氣者，奪意者、食花者、食果者、食五穀者、食燒施者。

復有起嗔恨心者，起毒害心者，起暴惡心者，天魅眾、龍魅眾、非天魅眾，風神魅眾、飛空魅眾、尋香魅眾，人非人魅眾、大腹行魅眾、藥剎魅眾、囉剎魅眾、餓鬼魅眾，空行母魅眾、食肉魅眾、部多魅眾，甕腹魅眾、臭鬼魅眾、奇臭鬼魅眾，塞建陀魅眾、昏忌魅眾、顛魅眾，魘魅眾、伏魅眾，利鉢帝魅眾、焰魔魅眾、禽魅眾、母鬼喜魅眾，遍羅魅眾、除棘魅眾。

或有疫熱病，一日、二日、三日、四日病，或常熱病、極煩熱病、時發病，部多鬼病、風黃痰病、眾和合病，所有熱病、頭痛、半頭痛、願皆消除。

復有硬噎病、眼病、鼻病、口病、項病、心病，喉痛、耳痛、齒痛、心痛，腦痛、脅痛、背痛、腹痛，腰痛、隱密處痛、髀痛、腨痛，手痛、足痛、肢節等痛，願令消除，願擁護我！大白傘蓋金剛頂髻般囉二合當雞囉母。

十二由旬結金剛界，所有部多起屍空行母等，及鬼熱病、瘡、疥、癬、癩，漏癇、癰疽、痒疔、枯澁風驚，寶毒、蠱毒、禨禱水火，怨恨冤家惱害、非時橫死。復有底麻補伽蜂底辣怚、蚖蛇、蝮蝎、鼠毒，龍、虎、獅子、熊羆、豺狼，如諸毒蜂奪害命者，如是悉以明呪槃縛、威神繫縛、諸明咒繫縛，所有鬼魅亦皆繫縛。

哆姪耶二合他唵阿拏隸阿拏隸一毖瑟帝毖瑟帝三鼻引囉鼻引囉四嚩日囉二合陀引唎五斑陀斑陀六嚩日囉二合跋尼發吒七吽吽發吒發吒八吽覩嚧雍二合斑陀發吒莎嚩訶九

若人齎此佛頂大白傘蓋般囉二合當雞囉母陀羅尼經，或以樺皮貝葉素氎書寫是已，或帶身上或繫於項。當知是人盡其生年毒不能害，并諸器械、水、火、寶毒、蠱毒、咒詛皆不能害，亦無夭橫，所有鬼魅等眾，見者無有不生歡喜，有八萬四千金剛部眾，生大歡喜常加守護。於八萬四千大劫之中得宿命智。生生世世不生藥叉、羅剎、富單那迦吒、富單那畢部多鬼等諸惡趣中；亦不受生於貧窮下賤，獲得無量無邊恒河沙數諸佛福德之聚。

若人持此佛頂大白傘蓋般囉二合當雞囉母陀羅尼經者，不梵行者亦成梵行，不持戒者亦成持戒，不清淨者亦成清淨，不布薩者亦成布薩，不清齋者亦成清齋，若有五間罪及無始來所有宿殃，舊業陳罪盡滅無餘。若有女人設欲求男，能受持斯佛頂大白傘蓋般囉二合當雞囉母陀羅尼經者，便生智慧之男，福德壽命色力圓滿，命終之後隨得往生極樂國土。

若遭人病、孳畜病，疫癘惱害、鬪諍逼迫、他兵侵擾、一切厄難，賫此佛頂大白傘蓋無有能敵般囉二合當雞囉母陀羅尼，繫幢頂上廣伸供養作大佛事，奉迎斯咒安城四門，或諸聚落、都邑、村野，禮拜恭敬一心供養，所有兵陣隨即消滅，疫癘諸病、惱害、鬪諍，他兵侵擾、一切災厄悉皆消滅。

跢姪耶二合他一唵瑟覩嚧甕二合斑陀斑陀三願擁護我願擁護我莎嚩訶四囉叉囉叉𤚥

唵吽瑟覩嚧甕二合斑陀斑陀二嚩日囉二合願擁護我三囉叉囉叉𤚥四嚩日囉二合鉢尼夷吽發吒莎嚩訶五

唵薩唎嚩二合多他伽跢一烏瑟尼沙二阿嚩盧雞帝三牟唎二合陀帝佐囉引瑟四

唵拶辣拶辣一伽陀伽陀二陀囉陀囉三毖陀囉毖陀囉四親陀親陀五頻陀頻陀六吽吽發吒發吒薩嚩訶七

唵薩唎嚩二合多他伽跢烏瑟尼沙吽發吒發吒莎嚩訶

路姪耶二合**他唵阿拏隸**二**阿拏隸**三**伽薩彌**四**伽薩彌**五**鼻**引**囉**六**鼻**引**囉**七**莎**引**彌**八**莎**引**彌**九**薩唎嚩**二合**佛陀**十**阿帝瑟他**二合**拏**十一**阿帝瑟提**二合**帝**十二**薩唎嚩**二合**多他伽路**十三**烏瑟尼沙**十四**悉怛多鉢底唎**二合十五**吽發吒莎嚩訶**十六**吽麻麻吽尼**十七**莎嚩訶**十八

若能依佛修習，所有一切諸天龍王，隨順時序降霔甘雨。爾時一切諸佛、諸大菩薩、天龍、藥叉、健達縛、阿素洛、揭路茶、緊捺洛、莫呼洛伽、人、非人等，一切大眾聞佛所說，皆大歡喜信受奉行。

佛頂大白傘蓋陀羅尼經（錄自大正藏經第十九冊）

附錄三　佛說大白傘蓋總持陀羅尼經

元天竺俊辯大師唧嚓銘得哩連
得囉磨寧及譯主僧真智等　譯

敬禮一切最妙上師。

夫欲修習白傘蓋佛母者，寂靜室內，於軟穩氈上坐已，然發願云：為六道一切有情，於輪迴中令得解脫故，願我成究竟正覺。

而發願已，面前空中想白傘蓋佛會，彼等處以真實心念三歸依已，佛會消融為光，融入自身自身成光。

然後念莎末斡咒，想一切皆空，於其空中華月輪上，想白色唵字，唵字放光，其光復迴，字種變成白傘金柄，柄上嚴唵字，其字放光復回。字種變成白傘蓋佛母，一面二臂具三目，金剛跏趺而坐。

右手作無怖畏印，左手執白傘當胸，嚴飾種種瓔珞，身色潔白如雪山上日光明照，具喜悅相顯無自性，應觀如鏡中像然。

欲誦咒時，自己心中蓮華、日輪上，唵字周圍繞，心咒及長短總持等於彼，放光遣除自他一切罪障及間斷等想已，然後讀誦。

若疲倦時欲奉施食，則面前置施食，念唵啞吽三字咒，攝受變成甘露，面前空中召請白傘蓋佛母為首，并二十二山塚所居陰母，及七種佛并十方正覺，三種具美淨梵帝釋伴繞等已。想舌變成金剛光筒，誦奉食咒曰：

唵薩嘌斡二合**怛達遏哆烏室禰折席嗦怛末嘚哩吽發**怛**喺擔末哩渴渴渴兮渴兮**

誦三遍或五遍已，然誦讚歎禱祝，求索願事等畢，奉送佛會。其施食棄於淨處，回向善根矣。

啞吟耶怛達遏哆烏室禰折西嗦引**怛末嘚哩捺麻啞囉唧怛嗦囉禰**梵語

聖一切如來頂髻中出白傘蓋佛母餘無能敵總持敬禮最上三寶華言。

如是我聞，一時出有壞住三十三天，善法妙好諸天所居之處，與大比丘并大菩提勇識及天主帝釋眾等集。

爾時，出有壞坐蓮華座，入於普觀頂髻三昧，速然出有壞從頂髻中出現如是總持密咒法行。

敬禮正覺及一切菩提勇識。

敬禮正覺。

敬禮妙法。

敬禮大眾。

敬禮七俱胝真實究竟正覺及聲聞大眾等。

敬禮所有世間壞怨等。

敬禮所有預流等。

敬禮所有一來等。

敬禮所有不還等。

敬禮所有世間真實超越等。

敬禮所有入實者等。

敬禮天仙咒咀及有加祐力能等。

敬禮所有誦持明咒獲成就者等。

敬禮淨梵。

敬禮帝釋。

敬禮緊威具美能令退屈苦行之主者等。

敬禮具美嚴五手印無愛子之所歸敬處。

敬禮具美能摧壞三層宮城住於墓地之中一切陰母所歸敬處。

敬禮出有壞如來種佛。

敬禮蓮華種佛。

敬禮金剛種佛。

敬禮寶珠種佛。

敬禮大象種佛。
敬禮少童種佛。
敬禮龍種佛。
敬禮勇固部器械王佛。
敬禮無量光佛。
敬禮不動佛。
敬禮藥師瑠璃光王佛。
敬禮娑羅主王華實圓滿佛。
敬禮釋迦牟尼佛。
敬禮寶上王佛。
敬禮最妙普賢佛。
敬禮眾明主佛。
敬禮目圓滿烏巴辣香上王佛。

彼等處敬禮已，出有壞母一切如來頂髻中出白傘蓋佛母餘無能敵大迴遮母，以此決斷一切出者邪魔，亦能決斷餘者一切明咒，亦能迴遮非時橫夭，亦能令有情解脫一切繫縛，亦能迴遮一切憎嫌惡夢，亦能摧壞八萬四千邪魔。亦能歡悅二十八宿，亦能折伏八大房宿，亦能迴遮一切冤讎。亦能摧壞最極暴惡一切憎嫌惡夢，亦能救度毒藥器械水火等難。

無有能敵大緊母，大掇朴母大力母，
大熾然母大威力，大白蓋母大力母。
熾然掛纓白衣母，聖救度母具嗔皺，
勝勢金剛稱念珠，蓮華昭明金剛名。
無有能敵具念珠，金剛牆等摧壞母，
柔善佛等供養母，柔相威力具大母。
聖救度母大力母，不歿金剛鐵鋌母，
金剛少童持種母，金剛手種金念珠。

大赤色及寶珠母，　種明金剛稱頂髻，
種相窈窕金剛母，　如金色光具眼母，
金剛燭及白色母，　蓮華眼及月光母，

手印聚彼等一切力故，願令擁護於我！擁護於我！

唵吽室遏捺不囉(引二合)折嚓(引)也怛達遏哆烏室禰折席嚓怛巴嘚哩(二合)吽嚨隆(二合)
撈(没)末捺葛囉吽嚨隆(二合)席怛(没)末捺葛囉吽嚨隆(二合)麻曷覓(得)也三(合口)末室渴捺葛
囉吽嚨隆(二合)撥囉覓能(二合)惹(舌上)三(合口)末室渴捺葛囉吽嚨隆(二合)薩(没)斡(丁六舌上)室達捺(能)
席擔(没)末捺葛囉吽嚨隆(二合)薩斡也室渴囉室渴薩屹囉曷捺覓(得)嚓(能)薩捺葛囉吽
嚨隆(二合)撈(丁六)囉室帝捺(能)屹囉曷薩曷悉囉覓嚓(能)薩捺葛囉吽嚨隆(引二合)啞室捺唅(能)折
帝嚓(能)捺色曷(引上腭)得得囉捺麻不囉薩怛捺葛囉吽嚨隆(引二合)啞希怛捺麻麻渴屹囉曷
捺(能)覓(能)捺(能上腭)薩捺葛囉吽嚨隆(引二合)囉塞剋囉鵮(没)擁護於我

出有壞母一切如來頂髻中出白傘蓋佛母，金剛頂髻大迴遮母，具千大臂母，有千大首母，具十萬俱胝目，不二熾燃具種相，金剛寬廣大白母，主宰三界中圍母，一切時中擁護於我，擁護於我。

唵國王難、盜賊難，火難、水難、毒藥難，器械難、外國軍兵難、飢饉難，冤讎難、疾疫難、霹靂難，非時橫夭難、地震動難、星箭難，國王刑罰難、天難、龍難，閃電難、飛空難、惡獸忿怒難。

又復天魔、龍魔、非天魔，風神魔、飛空魔、尋香魔，疑神魔、大腹行魔、施礙魔，夜叉魔、餓鬼魔、空行母魔，食肉魔、出者魔、瓶袋魔，臭魔、身臭魔、令枯瘦魔，令忘魔、令顛狂魔、令魘寐魔，令鎮伏魔、奎宿魔，彼等一切之中，願我獲得安穩吉祥。

又奪威力鬼、奪容顏鬼、食產宮鬼、飲血鬼、食胞胎鬼、食肉鬼、食脂鬼、食髓鬼，食脂衣鬼、取命鬼、食嘔吐鬼、食大便鬼、食小便鬼，食竅流鬼、食殘鬼、食唾鬼、食涕鬼、食涎鬼，食膿鬼、食施食鬼、食鬘鬼，食香氣鬼、食香鬼、奪意鬼，食華鬼、食果鬼、食苗鬼、食燒施鬼等之中，願我獲得安穩吉祥。

彼等一切及一切魔所造明咒，以此決斷將杵擊之；遍遊行所造明咒，以此決斷將杵擊之；空行與空行母所造明咒，以此決斷將杵擊之；大獸主所造明咒，以此決斷將杵擊之；無愛子所造明咒，以此決斷將杵擊之；飛空及真實作等所造明咒，以此決斷將杵擊之；大黑及陰母等所造明咒，以此決斷將杵擊之；持人頭器所造明咒，以此決斷將杵擊之；令勝及作蜂蜜與令義昔成所造明咒，以此決斷將杵擊之。

四姊妹所造明咒，以此決斷將杵擊之；卑上膀屹哩帝及喜主與集主等所造明咒，以此決斷將杵擊之；無善淨所造明咒，以此決斷將杵擊之；壞怨所造明咒，以此決斷將杵擊之；離欲所造明咒，以此決斷將杵擊之；密主金剛手所造明咒，以此決斷將杵擊之。

敬禮出有壞母一切如來頂髻中出白傘蓋佛母，擁護於我！擁護於我！

唵啞席怛捺辣室渴不囉末悉不怛唥遏能塞嗦怛末嘚哩二合嘬辣嘬辣渴嗦渴嗦

嗦囉嗦囉覓嗦覓嗦秦能捺秦能捺覓能捺覓能捺吽吽發怛發怛莎曷馨馨發怛和和發怛

啞母屹英發(怛)啞不囉帝曷怛發(怛)不囉末囉怛發(怛)啞須囉唅嘚囉末渴發(怛)　薩嘌末
帝併群發(怛)薩嘌末併京群發(怛)薩嘌末啞須哩群發(怛)薩嘌末麻嚕寧群發(怛)薩嘌末割嚕
矴群發(怛)薩嘌末葛(能)嗦(冷)唅群發(怛)薩嘌末悉屹哩(二合)捺(冷)群發(怛)薩嘌末麻和囉寧群發(怛)
薩嘌末也塞輕群發(怛)薩嘌末囉塞屹囉星群發(怛)薩嘌末不哩矴群發(怛)薩嘌末唅嘶睛群
發(怛)薩嘌末母矴群發(怛)薩嘌末孤(能引)末(能引)寧嘌發(怛)薩嘌末莫怛矴群發(怛)薩嘌末葛怛布
怛禰群發(怛)薩嘌末厮葛(能)寧群發(怛)薩嘌末烏(能)麻(能)寧群發(怛)薩嘌末撈英群發(怛)薩嘌末
啞不塞麻哩群發(怛)薩嘌末啊(喉音重)怛囉雞帝群發(怛)薩嘌末(丁六冷)辣(上腭)屹矴群發(怛)薩嘌末(丁六)
(冷)併(冷)屹矴群發(怛)薩嘌末撮(哩)群發(怛)薩嘌末屹哩怛葛囉麻禰葛戈(冷)矴群發(怛)屹囉捺併
咄(怛)群發(怛)唧嘚擦不囉折葛(丁六舌上)擦(冷)帝矴群發(怛)哆(冷直)布屹矴群發(怛)薩嘌末帝哩提屹
群發(怛)薩嘌末室囉麻禰群發(怛)薩嘌末唅得夜嗦(哩)群發(怛)撈耶葛囉麻(丁六舌上)葛囉也群發
(怛)薩嘌末啞(冷)達薩怛京群發(怛)覓嗦(舌上)撈哩群發(怛)撈(丁六冷)滅(舌上重)末屹禰英群發(怛)薩嘌末
戈烏麻哩英群發(怛)命怛囉禰英群發(怛)麻曷不囉怛(上腭)屹哩群發(怛)末唄囉(二合)山(上腭)葛
辣也不囉怛(上腭)屹囉囉撈也發(怛)麻曷葛辣也麻得哩葛捺捺麻塞屹哩怛英發(怛)

唅折嗦併英發怛不囉黑末禰也發怛啞屹愛禰英發怛麻曷葛哩英發怛葛辣嗦能上膀帝英發怛喙能舌上嘚哩英發怛哴鳥得哩英發怛孤名哩英發怛不囉吪英發怛拶摩能帝英發怛囉嘚哩英發怛葛辣囉嘚哩英發怛耶麻怛能帝英發怛葛巴哩英發怛啞帝麼屹帝塞麻折捺末席捺英發怛

凡有有情於我心起憎嫌心等者，起暴惡心等者、能奪威力等者。又復奪顏容鬼、食產宮鬼等，食血鬼等，食凝脂鬼等，食肉鬼等，食脂鬼等，食髓鬼等，食胎衣鬼等，取命鬼等。食嘔吐鬼等，食大便鬼等，食小便鬼等，食竅流鬼等，食殘鬼等，食涎鬼等，食涕鬼等，食唾鬼等，食膿鬼等，食施食鬼等，食鬘鬼等，食香氣鬼等，食香鬼等，食華鬼等，食果鬼等，食苗鬼等，食燒施鬼等，具罪愆心者等，具忌嫌心者等，具暴惡心者等。

又復所有天魔等，龍魔等，非天魔等，風神魔等，飛空魔等，尋香魔等，疑神魔等，大腹行魔等，施礙魔等，夜叉魔等，餓鬼魔等，食肉魔等，出者魔等，瓶袋魔等，臭魔等，身臭魔等，令枯瘦魔等，令忘魔等，令顛狂魔等，令魔魅魔等，令忘魔等，鎮伏魔等，空行母魔等，奎宿魔等，獄帝魔等，陰母令喜魔等，遍遊行具瓔魔等，拔刺魔等。

又復一日疫病，亦所有二日病、三日病、四日病、七日病，恒常疫病、無盡疫病、瘌痛病，出者依風起病、依膽起病、依痰起病，依俱集起病，一切疾病、身病等願令遣除！

又復身分病，不進飲食病，眼病、鼻病、口病，項頸病、心病、咽喉病，耳病、齒病，心熱惱病、腦病，半肋病、背節病、腹病、腰病，穀道病、腿胠病、脛病，手病、足病、肢病、眾肢病等。願令遣除！願令擁護！大白傘蓋佛母金剛頂髻大迴遮母，以此十二由旬內出者起屍者空行母者。

又復疫病、疥瘡、癢瘡，痘瘡、癲瘡、皺烈瘡，痔瘡、燒瘡、疙瘩瘡、妙瘡。

又枯瘦恐怖病及寶毒，及和合毒、厭禱毒并火難、水難。又鬪爭、結怨、損害、非時夭壽，又復嘚哩二合麻布割蟲嘚哩、辣怛蟲，蝮、蝎、蚖、蛇，鼠、狼、獅子、虎，熊羆并熊狼、水獸及猶如虻蠅取他性命。彼等一切明咒，悉皆繫縛一切威儀，繫縛餘者一切明咒，繫縛一切諸魔明咒，悉皆願令繫縛。

怛得也達唵啞捺吟啞捺吟喻折得帝喻折得帝喻引囉末唄囉嗦哩末上腭嗦末嗦末唄囉鉢禰發怛吽吽發怛發怛

吽㗨隆二合末捺發怛莎曷

凡有行人，以此一切如來頂髻中出白傘蓋佛母餘無能敵大迴遮母，或樺皮、或白氎、或樹皮上書寫已，或載身上或項頸上，則能直至終身以毒不能害、以器械不能害，以火不能焚、以水不能漂，以寶毒不能中、以和毒不能害，以咒毒不能壞、非時夭壽不能侵，一切冤魔及所有惡友等，凡一切處為悅愛、所愛敬也。

又能恒河沙俱胝八萬四千金剛種等，亦擁護、亦救護、亦覆護，彼等作悅意所愛敬之。又能八萬四千大劫之中，得宿命智；又世世生處，不受施礙羅剎、餓鬼臭及身臭等身。又不受人中貧窮之身；又具足無量無數恒河沙數正覺出有壞之福祿也。

又能一切如來頂髻中出白傘蓋佛母餘無能敵大迴遮母恒受持，則不行梵行亦成梵行；不能忍則亦能成忍；不清淨則亦為清淨；無近住戒得近住戒；不持齋戒亦成齋戒；設爾所造五無間罪則能清淨無餘；往昔業障悉皆消滅。

若欲女人求子，則能受持一切如來頂髻中出白傘蓋佛母餘無能敵大迴遮母者，獲得具足，壽命福德威力之子，命終之後往生極樂世界。

又人病、牛病、畜病、疫病，及損害及惹病礙，及鬪戰餘他一切軍兵之中，則能以此一切如來頂髻中出白傘蓋佛母餘無能敵大迴遮母，安置於幢頂上作廣大供養已。將幢置大城門上，或宮宅之中或村坊之中，或聚落之中，或川原之中，或寂靜之處，於餘無能敵大迴遮母處作廣大供養，則能速然國界安寧，亦能柔善疫病礙與損害鬪爭，餘他一切軍兵也。

末唄囉鉢爾遣魔擁護咒

寧引得也達唵室哆沒末上腭嚓末上腭嚓擁護於我擁護於我莎曷室渴囉室渴麻沒
唵吽室哆沒末能嚓末能嚓末唄囉二合擁護於我囉室渴囉室渴麻沒末唄囉末禰英吽
發怛莎曷

恒常持心咒

唵薩嘌末怛達遏哆烏室禰折啞斡浪屹帝摩冷嚓叮嘁囉室禰唵嘬辣嘬辣嚓渴
嚓渴嚓囉嚓囉覓能嚓囉覓能嚓囉秦嚓秦嚓覓沒嚓覓沒嚓吽吽發怛發怛莎曷

增長身親心咒

唵薩嘌末怛達遏哆烏室禰折吽發怛發怛莎曷

攝受咒

寧得也達唵啞捺令啞捺令渴薩銘渴薩銘唅引囉唅引囉星烏禰榮切身星上同薩嘌末莫
嚓啞溺室達捺啞溺室提矴薩嘌末怛達遏哆烏室禰折席怛怛末嘚哩吽發怛莎曷

堅甲咒

吽麻麻吽禰莎曷

應作明滿修習，彼所有龍王等依時降雨矣，正覺與菩提勇識，天及非天并人，與尋香一切世間等，皆大歡喜，出有壞所說之處，現前讚揚。

佛說大白傘蓋總持陀羅尼經（錄自大正藏經第十九冊）

全佛文化圖書出版目錄

佛教小百科系列

書名	價格	書名	價格
□ 佛菩薩的圖像解說1-總論•佛部	320	□ 佛教的塔婆	290
□ 佛菩薩的圖像解說2-菩薩部•觀音部•明王部	280	□ 中國的佛塔-上	240
□ 密教曼荼羅圖典1-總論•別尊•西藏	240	□ 中國的佛塔-下	240
□ 密教曼荼羅圖典2-胎藏界上	300	□ 西藏著名的寺院與佛塔	330
□ 密教曼荼羅圖典2-胎藏界中	350	□ 佛教的動物-上	220
□ 密教曼荼羅圖典2-胎藏界下	420	□ 佛教的動物-下	220
□ 密教曼荼羅圖典3-金剛界上	260	□ 佛教的植物-上	220
□ 密教曼荼羅圖典3-金剛界下	260	□ 佛教的植物-下	220
□ 佛教的真言咒語	330	□ 佛教的蓮花	260
□ 天龍八部	350	□ 佛教的香與香器	280
□ 觀音寶典	320	□ 佛教的神通	290
□ 財寶本尊與財神	350	□ 神通的原理與修持	280
□ 消災增福本尊	320	□ 神通感應錄	250
□ 長壽延命本尊	280	□ 佛教的念珠	220
□ 智慧才辯本尊	290	□ 佛教的宗派	295
□ 令具威德懷愛本尊	280	□ 佛教的重要經典	290
□ 佛教的手印	290	□ 佛教的重要名詞解說	380
□ 密教的修法手印-上	350	□ 佛教的節慶	260
□ 密教的修法手印-下	390	□ 佛教的護法神	320
□ 簡易學梵字(基礎篇)-附CD	250	□ 佛教的宇宙觀	260
□ 簡易學梵字(進階篇)-附CD	300	□ 佛教的精靈鬼怪	280
□ 佛教的法器	290	□ 密宗重要名詞解說	290
□ 佛教的持物	330	□ 禪宗的重要名詞解說-上	360
		□ 禪宗的重要名詞解說-下	290
		□ 佛教的聖地-印度篇	200

佛菩薩經典系列

書名	價格	書名	價格
□ 阿彌陀佛經典	350	□ 地藏菩薩經典	260
□ 藥師佛•阿閦佛經典	220	□ 彌勒菩薩•常啼菩薩經典	250
□ 普賢菩薩經典	180	□ 維摩詰菩薩經典	250
□ 文殊菩薩經典	260	□ 虛空藏菩薩經典	350
□ 觀音菩薩經典	220	□ 無盡意菩薩•無所有菩薩經典	260

修行道地經典系列

書名	價格	書名	價格
□ 大方廣佛華嚴經(10冊)	1600	□ 中阿含經(8冊)	1200
□ 長阿含經(4冊)	600	□ 雜阿含經(8冊)	1200
□ 增一阿含經(7冊)	1050		

佛法常行經典系列

- ☐ 妙法蓮華經 260
- ☐ 悲華經 260
- ☐ 小品般若波羅密經 220
- ☐ 金光明經・金光明最勝王經 280
- ☐ 楞伽經・入楞伽經 360
- ☐ 楞嚴經 200
- ☐ 大乘本生心地觀經・勝鬘經・如來藏經 200
- ☐ 解深密經・大乘密嚴經 200
- ☐ 大日經 220
- ☐ 金剛頂經・金剛頂瑜伽念誦經 200

三昧禪法經典系列

- ☐ 念佛三昧經典 260
- ☐ 般舟三昧經典 220
- ☐ 觀佛三昧經典 220
- ☐ 如幻三昧經典 250
- ☐ 月燈三昧經典(三昧王經典) 260
- ☐ 寶如來三昧經典 250
- ☐ 如來智印三昧經典 180
- ☐ 法華三昧經典 260
- ☐ 坐禪三昧經典 250
- ☐ 修行道地經典 250

佛經修持法系列

- ☐ 如何修持心經 200
- ☐ 如何修持金剛經 260
- ☐ 如何修持阿彌陀經 200
- ☐ 如何修持藥師經-附CD 280
- ☐ 如何修持大悲心陀羅尼經 220
- ☐ 如何修持阿閦佛國經 200
- ☐ 如何修持華嚴經 290
- ☐ 如何修持圓覺經 220
- ☐ 如何修持法華經 220
- ☐ 如何修持楞嚴經 220

守護佛菩薩系列

- ☐ 釋迦牟尼佛-人間守護主 240
- ☐ 阿彌陀佛-平安吉祥 240
- ☐ 藥師佛-消災延壽(附CD) 260
- ☐ 大日如來-密教之主 250
- ☐ 觀音菩薩-大悲守護主(附CD) 280
- ☐ 文殊菩薩-智慧之主(附CD) 280
- ☐ 普賢菩薩-廣大行願守護主 250
- ☐ 地藏菩薩-大願守護主 250
- ☐ 彌勒菩薩-慈心喜樂守護主 220
- ☐ 大勢至菩薩-大力守護主 220
- ☐ 準提菩薩-滿願守護主(附CD) 260
- ☐ 不動明王-除障守護主 220
- ☐ 虛空藏菩薩-福德大智守護(附CD) 260
- ☐ 毘沙門天王-護世財寶之主(附CD) 280

輕鬆學佛法系列

- ☐ 遇見佛陀-影響百億人的生命導師 200
- ☐ 如何成為佛陀的學生-皈依與受戒 200
- ☐ 佛陀的第一堂課-四聖諦與八正道 200
- ☐ 業力與因果-佛陀教你如何掌握自己的命運 220

生命大學系列

- ☐ 關於前世、今生與來世 240
- ☐ 關於決定自己的未來 240
- ☐ 心性修鍊的八堂課 280
- ☐ 關於宇宙的實相 280
- ☐ 關於死亡與轉世之路 250
- ☐ 關於結婚後的我們 240
- ☐ 關於愛情的密碼 200

洪老師禪座教室系列

- ☐ 靜坐-長春.長樂.長效的人生 200
- ☐ 放鬆(附CD) 250
- ☐ 妙定功-超越身心最佳功法(附CD) 260
- ☐ 妙定功VCD 295
- ☐ 睡夢-輕鬆入眠•夢中自在(附CD) 240
- ☐ 沒有敵者-強化身心免疫力的修鍊法(附CD) 280
- ☐ 夢瑜伽-夢中作主.夢中變身 260
- ☐ 如何培養定力-集中心靈的能量 200

禪生活系列

- ☐ 坐禪的原理與方法-坐禪之道 280
- ☐ 以禪養生-呼吸健康法 200
- ☐ 內觀禪法-生活中的禪道 290
- ☐ 禪宗的傳承與參禪方法-禪的世界 260
- ☐ 禪的開悟境界-禪心與禪機 240
- ☐ 禪宗奇才的千古絕唱-永嘉禪師的頓悟 260
- ☐ 禪師的生死藝術-生死禪 240
- ☐ 禪師的開悟故事-開悟禪 260
- ☐ 女禪師的開悟故事(上)-女人禪 220
- ☐ 女禪師的開悟故事(下)-女人禪 260
- ☐ 以禪療心-十六種禪心療法 260

密乘寶海系列

- ☐ 現觀中脈實相成就-開啟中脈實修秘法 290
- ☐ 智慧成就拙火瑜伽 330
- ☐ 蓮師大圓滿教授講記-藏密寧瑪派最高解脫法門 220
- ☐ 密宗的源流-密法內在傳承的密意 240
- ☐ 恆河大手印-傾瓶之灌的帝洛巴恆河大手印 240
- ☐ 岡波巴大手印-大手印導引顯明本體四瑜伽 390
- ☐ 大白傘蓋佛母-息災護佑行法(附CD) 295
- ☐ 密宗修行要旨-總攝密法的根本要義 430
- ☐ 密宗成佛心要-今生即身成佛的必備書 240
- ☐ 無死 超越生與死的無死瑜伽 200
- ☐ 孔雀明王行法-摧伏毒害煩惱 260
- ☐ 月輪觀•阿字觀-密教觀想法的重要基礎 350
- ☐ 穢積金剛-滅除一切不淨障礙 290
- ☐ 五輪塔觀-密教建立佛身的根本大法 290
- ☐ 密法總持-密意成就金法總集 650
- ☐ 密勒日巴大手印-雪山空谷的歌聲，開啟生命智慧之心 480

其他系列

- ☐ 入佛之門-佛法在現代的應用智慧 350
- ☐ 普賢法身之旅-2004美東弘法紀行 450
- ☐ 神通-佛教神通學大觀 590
- ☐ 認識日本佛教 360
- ☐ 華嚴經的女性成就者 480
- ☐ 準提法彙 200
- ☐ 地藏菩薩本願經與修持法 320
- ☐ 仁波切我有問題-一本關於空的見地、禪修與問答集 240
- ☐ 萬法唯心造-金剛經筆記 230
- ☐ 菩薩商主與卓越企業家 280
- ☐ 禪師的手段 280
- ☐ 覺貓悟語 280

女佛陀系列

- ☐ 七優曇華-明末清初的女性禪師(上) 580
- ☐ 七優曇華-明末清初的女性禪師(下) 400

禪觀寶海系列

- ☐ 禪觀秘要 1200
- ☐ 首楞嚴三昧-降伏諸魔的大悲勇健三昧 420

高階禪觀系列

- ☐ 通明禪禪觀-迅速開啟六種神通的禪法 200
- ☐ 十種遍一切處禪觀-調練心念出生廣大威力的禪法 280
- ☐ 四諦十六行禪觀-佛陀初轉法輪的殊勝法門 350
- ☐ 三三昧禪觀-證入空、無相、無願三解脫門的禪法 260
- ☐ 大悲如幻三昧禪觀-修行一切菩薩三昧的根本 380
- ☐ 圓覺經二十五輪三昧禪觀-二十五種如來圓覺境界的禪法 400

蓮花生大士全傳系列

- ☐ 蓮花王 320
- ☐ 師子吼聲 320
- ☐ 桑耶大師 320
- ☐ 廣大圓滿 320
- ☐ 無死虹身 320
- ☐ 蓮花生大士祈請文集 280

光明導引系列

- ☐ 阿彌陀經臨終光明導引-臨終救度法 350
- ☐ 送行者之歌(附國台語雙CD) 480

淨土修持法

- ☐ 蓮花藏淨土與極樂世界 350
- ☐ 菩薩的淨土 390
- ☐ 諸佛的淨土 390
- ☐ 三時繫念佛事今譯 250

佛家經論導讀叢書系列

- ☐ 雜阿含經導讀-修訂版 450
- ☐ 異部宗論導讀 240
- ☐ 大乘成業論導讀 240
- ☐ 解深密經導讀 320
- ☐ 阿彌陀經導讀 320
- ☐ 唯識三十頌導讀-修訂版 520
- ☐ 唯識二十論導讀 300
- ☐ 小品般若經論對讀-上 400
- ☐ 小品般若經論對讀-下 420
- ☐ 金剛經導讀 220
- ☐ 心經導讀 160
- ☐ 中論導讀-上 420
- ☐ 中論導讀-下 380
- ☐ 楞伽經導讀 400
- ☐ 法華經導讀-上 220
- ☐ 法華經導讀-下 240
- ☐ 十地經導讀 350
- ☐ 大般涅槃經導讀-上 280
- ☐ 大般涅槃經導讀-下 280
- ☐ 維摩詰經導讀 220
- ☐ 菩提道次第略論導讀 450
- ☐ 密續部總建立廣釋 280
- ☐ 四法寶鬘導讀 200
- ☐ 因明入正理論導讀-上 240
- ☐ 因明入正理論導讀-下 200

密法傳承系列

- ☐ 天法大圓滿掌中佛前行講義中疏 680

幸福地球系列

- ☐ 幸福是什麼?不丹總理吉美·廷禮國家與個人幸福26講 380

離言叢書系列

- ☐ 解深密經密意 390
- ☐ 如來藏經密意 300
- ☐ 文殊師利二經密意 420
- ☐ 菩提心釋密意 230
- ☐ 龍樹讚歌集密意 490
- ☐ 無邊莊嚴會密意 190
- ☐ 勝鬘師子吼經密意 340
- ☐ 龍樹二論密意 260
- ☐ 大乘密嚴經密意 360
- ☐ 大圓滿直指教授密意 290

談錫永作品系列

- ☐ 閒話密宗 200
- ☐ 西藏密宗占卜法-妙吉祥占卜法（組合） 790
- ☐ 細說輪迴生死書-上 200
- ☐ 細說輪迴生死書-下 200
- ☐ 西藏密宗百問-修訂版 210
- ☐ 觀世音與大悲咒-修訂版 190
- ☐ 佛家名相 220
- ☐ 密宗名相 220
- ☐ 佛家宗派 220
- ☐ 佛家經論-見修法鬘 180
- ☐ 生與死的禪法 260
- ☐ 細說如來藏 280
- ☐ 如來藏三談 300

大中觀系列

- ☐ 四重緣起深般若-增訂版 420
- ☐ 心經內義與究竟義-印度四大論師釋《心經》 350
- ☐ 聖入無分別總持經對堪及研究 390
- ☐ 《入楞伽經》梵本新譯 320
- ☐ 《寶性論》梵本新譯 320
- ☐ 如來藏論集 330
- ☐ 如來藏二諦見 360
- ☐ 聖妙吉祥真實名經梵本校譯 390
- ☐ 聖妙吉祥真實名經釋論三種 390
- ☐ 《辨中邊論釋》校疏 400

藏傳佛教叢書系列

- ☐ 西藏生死導引書(上)-揭開生與死的真相 290
- ☐ 西藏生死導引書(下)六種中陰的實修教授 220

全套購書85折、單冊購書9折

（郵購請加掛號郵資60元）

全佛文化事業有限公司

新北市新店區民權路95號4樓之1

Buddhall Cultural Enterprise Co.,Ltd.

TEL:886-2-2913-2199

FAX:886-2-2913-3693

匯款帳號：3199717004240

合作金庫銀行大坪林分行

戶名：全佛文化事業有限公司

甯瑪派叢書-見部系列

- ☐ 九乘次第論集-佛家各部見修差別 380
- ☐ 甯瑪派四部宗義釋 480
- ☐ 辨法法性論及釋論兩種 480
- ☐ 決定寶燈 480
- ☐ 無修佛道-現證自性大圓滿本來面目教授 360
- ☐ 幻化網秘密藏續釋-光明藏 560
- ☐ 善說顯現喜宴-甯瑪派大圓滿教法 650
- ☐ 勝利天鼓雷音-金剛乘教法史 1040

甯瑪派叢書-修部系列

- ☐ 大圓滿心性休息導引 395
- ☐ 大圓滿前行及讚頌 380
- ☐ 幻化網秘密藏續 480
- ☐ 六中有自解脫導引 520

密乘寶海10

《大白傘蓋佛母—息災護佑行法》

作　　者　洪啟嵩
執行編輯　吳霈媜
美術編輯　Mindy
封面設計　張士勇工作室
出　　版　全佛文化事業有限公司
訂購專線：(02)2913-2199
傳真專線：(02)2913-3693
發行專線：(02)2219-0898
匯款帳號：3199717004240 合作金庫銀行大坪林分行
戶　　名：全佛文化事業有限公司
E-mail:buddhall@ms7.hinet.net
http://www.buddhall.com
門　　市　新北市新店區民權路95號4樓之1（江陵金融大樓）
門市專線：(02)2219-8189
行銷代理　紅螞蟻圖書有限公司
台北市內湖區舊宗路二段121巷19號（紅螞蟻資訊大樓）
電話：(02)2795-3656　傳真：(02)2795-4100
初　　版　二〇〇八年九月
初版三刷　二〇一七年九月
定　　價　新台幣二九五元
ISBN　978-986-6936-32-6（平裝）

Published by BuddhAll Cultural Enterprise Co.,Ltd.

國家圖書館出版品預行編目資料

大白傘蓋佛母：息災護佑行法 / 洪啟嵩作.
-- 初版. -- 新北市：全佛文化, 2008.09
面；　公分. -- (密乘寶海系列；10)

ISBN 978-986-6936-32-6(平裝)

1.藏傳佛教　2.佛教修持

226.965　　97016689

BuddhAll

BuddhAll.

All is Buddha.

BuddhAll